教师必备金点子系列

JIAOSHIBIBEIJINDIANZIXILIE

U0586420

有效学习的 15种 方法

YOUXIAOXUEXIDE15ZHONG
FANGFA

崔洪范　林枫杉◎编著

吉林文史出版社

图书在版编目（CIP）数据

有效学习的 15 种方法 / 崔洪范，林枫杉编著. ——
长春：吉林文史出版社，2013．2（2021．6重印）
（教学必备金点子系列）
ISBN 978 - 7 - 5472 - 1467 - 1
Ⅰ．①有… Ⅱ．①崔… ②林… Ⅲ．①中小学生 - 学
习方法 Ⅳ．①G632．46
中国版本图书馆 CIP 数据核字（2013）第 034675 号

教师必备金点子系列

有效学习的 15 种方法

YOUXIAOXUEXI DE 15ZHONG FANGFA

编著/崔洪范　　林枫杉

责任编辑/高冰若

封面设计/小徐书装

出版发行/吉林文史出版社

地址/长春市福祉大路5788号

邮编/130118

网址/www.jlws.com.cn

印刷/三河市燕春印务有限公司

开本/710mm×1000mm　1/16

印张/14　字数/136千字

版次/2013年3月第1版　2021年6月第3次印刷

书号/ISBN 978 - 7 - 5472 - 1467 - 1

定价/39.80元

前 言

　　绝大多数学生没有接受过专门的、系统的学习方法的指导与训练，对什么是科学有效的学习方法缺乏明确的认识，在学习中也不能自觉地加以运用。即使有的学生掌握了一些有效的学习方法，也大都是走了很多弯路之后形成的，并且是零散的。科学的、系统的学习方法很难在学习中自然而然地形成，应该接受专门的指导与训练。

　　人的一生要经历三大教育，即家庭教育、学校教育、社会教育。面对孩子的成长，许多家长认为学校是专门教育人的场所，它有专门的场地、设施、课程等，还有懂教育的老师，因此，把孩子送到学校，只要好好学习，听老师的话就能成才，而家庭教育无关紧要或者说关系不大。这种认识是片面的，是不负责任的。学校教育确实非常重要，但家庭教育也不例外。《有效学习的15种方法》对孩子的学校学习和家庭辅导做全程分析，指导老师如何教、学生如何学，从不同角度培养孩子的学习习惯，建立科学的学习方法，树立明确的人生目标，让孩子快速成才。

　　《有效学习的15种方法》针对学校教育和家庭教育不得法的现象，为孩子快速提高学习成绩、提升学生素质提供平台。是站在教学改革的前沿，全面推行素质教育，科学分析中小学学习方法，对老师如何教、学生如何学、家长如何辅导自己的孩子所进行的实践探研，是落实《国家中长期教育改革和发展规划纲要（2010-2020年）》的需要，做到学思结合、知行统一、因材施教。

前
言

现在教育大体上存在这样的一些问题：

1.教师积极备教材备学生，夜半三更披星戴月，累没少受，苦没少吃，孩子的成绩缓缓难以提高，原因是缺少对孩子个性化的辅导和学习方法的指导。

课堂教学是学校教学活动的主体，更是主题，教师的多年教学实践活动，多数还只是关注对知识教学的整理和把握上，很少有老师关注方法教学的探研。对孩子为什么学习、如何来学做过系统分析的很少，对学习主体学生的情绪变化、习惯改变、目标确立这些关系到学习本源的问题关注得太少或者浅尝辄止。

从本质上看，学生成绩是否提升、学习效率是否提高是来自学生本身的兴趣和动力问题，如何引导孩子的学习兴趣、如何把学生的厌学情绪转化为喜欢学习的动力是我们现代教育所要研究的根本问题，也是所有家庭普遍关注、关心的问题，更是教育改革的呼唤，直接关系到下一代人素质的提升。

2.多数学生被老师的作业牵着鼻子走，几乎没有自己的时间去主动学习，学习带有盲目性，根本不懂得如何做作业才能提高知识的运用手段和方法，至于预习、复习和听课的关系，根本不掌握，更没细节，所以成绩很难提升。

当前部分孩子在课上和课外学习中存在的不良现象有：学习无序，注意力不集中，听着课，溜着号；写课外作业时边写边玩，写作业粗心大意、经常容易写错别字或者算错步骤和结果，家长多次催促，孩子照旧拖拉、磨蹭；孩子不愿意写作业，更愿意玩；孩子读写困难，家长缺乏关注；部分孩子已经出现失去学习兴趣、甚至厌学的征兆。

3.家长不懂如何指导孩子学习，除了专业知识辅导不了外，也不懂如何让孩子养成良好的学习习惯和培养积极的学习兴趣，不懂辅导方法。表现为盲目地让孩子参加各类课外补课班，不给孩子足够的休息时间，导致孩子有厌学情绪，把学习当负担。

长期的教学实践证明，多数家长只关心孩子学习成绩，不重视孩子学习习惯的培养。孩子从小学习就比较吃力，随着年级的升高，学习就越来越困难，甚至成为孩子望尘莫及的事了。因此，要让家长关心、重视并帮助孩子对学习习惯的养成和方法的掌握，成为孩子学习的助推器。

我们发现家长中存在着以下的问题：大部分家长忙于工作、赚钱、生活，有心培养子女而无暇顾及孩子；有些家长望子成龙心切，总是额外地布置过多的作业，希望通过强化训练，提高孩子的学习成绩，没有帮助他们分配好"学"与"玩"的关系，结果却事与愿违。有些家长认为教育是学校的事，而对孩子的学习采取不闻不问的态度，忽略了对孩子心理上的正确引导；有些家长对孩子的学习不够关心，对孩子存在的问题没及时予以解决，对孩子成长中发生的困难没有及时予以帮助；有些家长判断子女学习好不好，看他学习时间投入多不多，这种只看时间不看效率的做法，很可能培养学生出工不出力的习惯；也有的家长专门陪伴孩子做功课，认为"陪做功课"一方面可以提高孩子的专心程度，另一方面当孩子遇到不懂问题时，还能及时发现、讲解，一举两得，也有一些家长从来"不陪作业"，我们说过分地陪做作业或者不陪作业都是不可取的。

当前家长在培养孩子养成良好的学习习惯中所面临的困难有：家长不懂何为习惯培养，缺乏相关知识；家长自身没有养成良好的习惯，自己做不到，无法要求孩子做到；对于指导孩子进行习惯培养时情绪掌握不好，容易对孩子发火，甚至会打骂孩子；缺乏长期坚持的精神，往往是孩子没有放弃，而是我们做家长的却因为没能坚持下来首先放弃了；头痛医头，脚痛医脚，作业做不好，家长陪着做；和不好的同学在一起，从今往后不能出去；上课吃东西，再也不给钱啦。这样，真正的问题没有解决，学习还是好不了。家长急功近利的心态比较突出，总认为问题出现在孩子身上，与自己无关。事实上孩子身上体现出来的问题，大都是家长问题的集中暴露，只是家长缺乏这种折射效应的认识罢了。

《有效学习的15种方法》旨在新形势下的课堂教学和中考高考的重重压力中，给学生提供切实可行的学习方法指导，给我们的老师教学活动提供理论依据，给我们的家长教育子女提供切实可行的教育案例。我们的家长望子成龙、望女成凤

的急切心态不断给孩子施加各种压力，不停地补课却效果不尽如人意，我们的老师也多数注重教而忽略了导。

最有价值的知识是方法的知识，21世纪的文盲是不会学习的人。

现在教育越来越复杂，加班加点地学，成绩却一直难以提高，知识的盲目输入，忽视了方法和技能的提高，结果是事倍功半，孩子身心疲惫，不利于成长，家长浪费金钱，身心焦虑。多年的应试教育注重了学却忽视了思，没有思考，就不会有能力的系统提升，学习当然会感觉茫然，更找不到适合的学习方法。

达尔文说："最有价值的知识是关于方法的知识。"所谓方法就是人们为了达到预期的目的所采用的步骤和手段，是人们对思维过程和实践经验方式的概括和总结，是悟性，是经验。方法来源于实践的过程，而学习方法则是人们为了达到预期的学习目的所采取的步骤和手段。这里就提出来了预期的学习目的，那么你给孩子预期的目的是什么呢？如果目标太高了，肯定是达不到的，相反，如果目标太低了，那就没有意义了。这里主要谈学习经验和悟性，即学习方法。所以，研究学习方法，既要研究学习所要运用的步骤、手段、经验，也离不开学习目标的确立和制定以及学习习惯的养成、学习情趣的培养、学习动力的激励等，单纯探讨学习方法是不全面的，更是不切合实际的。

孩子的性格习惯、生活环境差异性都是很大的，但在一个班级里的同学，老师、课本都一样，包括智商也没有本质区别，为什么有的同学学得好、学得快，而有些则会在班级后面呢？这就是因为习惯不同、方法不同，不同的方法会有不同的行为，行为决定结果。

美国教育心理学家罗伯特·加涅在《学习的条件》中提出，教育的第三项任务是培养学生的学习策略。科学的学习方法将会使学习者的才能得到充分的发挥，越学越聪明，给学习者带来高效率和学习乐趣，从而节省了大量的时间。

人们认识到，未来的文盲不是不识字的人，而是不能正确认识自己、不会学习的人。你可能发现，有些同学有相同的学习条件、相同的智力水平，其他条件也差不多，就是学习成绩有天壤之别。那是因为第一名的学生讲究学习中的方法和策略，能管理监控自己和自己的学习活动，不断总结经验，形成自己行之有效的学习方法，从而获得成功。

"他山之石，可以攻玉。"成功的人总是能从他人的经验中有所启迪，能够集众人之所长而拥有长于众人的智慧。学习是一项长期而复杂的智力活动，有很多方法和技巧。讲究正确学习方法的人，学习起来就会事半功倍；而不讲方法的人，就好像用了一把钝斧子砍柴，费了很大力气，结果却是事倍功半。

本书对掌握学习方法、提高学习效率、培养自信心态、养成良好习惯、树立人生目标等进行探究，为学生快速掌握学习方法、提高学习成绩、培养正确的行为习惯、在成长过程中少走弯路起到很实效的引导点拨作用，也为不会教育孩子的家长提供了方法。

编　者

2012年12月

前言

有效学习的 **15**种 方法

目 录

方法一　谈如何预习

上海松江县第一中学初二（1）班朱引芳写的《符号——预习的工具》：

预习、听课、复习是学习的主要环节，我是很重视课前预习的。有些同学认为，预习就是在上课前先把书看一遍。其实，预习并不那么简单，因为单单看一遍课本是记不住的。我的方法是使用符号作为预习工具，把课本重点、难点和问题找出来，以提高预习效率。我把课本的概念用框框画出来，把定律用波浪线画出来，代数、物理等课的公式，我就用双曲线把他们画出来，遇到不懂的地方就打一个问号。做完这些工作以后，我就看课文后面的练习题，能做出来的习题我就做出来，做不出来的习题我就在后面打个钩，这样老师上课的时候我就心里有底了，老师讲到我不懂的打问号的地方和做不出来打钩的题目，我就特别注意听，课堂知识就容易掌握了。

我们说朱引芳同学对预习谈得已经比较全面了，但要做好预习，还要更具体一些，更明了一些，更系统一些。

一、在校学生的预习现状

对北京市中学生的统计数字：重点中学预习率是26%，普通中学预习率是18%，这说明，我们还有70%–80%的学生没有预习的学习习惯，不重视学习中的预习。即使有预习的同学还有很大一部分不知具体如何做预习或者是在应付老师

检查所做的预习，没有实际效用。

上课的特点是老师面对全班学生讲课，因此只能按照一个速度去讲，虽然尽可能地照顾到全班每个学生的特点，但全班几十名学生，不可能照顾全面，如果某一学生在听课时出现了知识障碍，老师不可能给予及时解决，而这个学生自己也来不及现复习过去的知识点，这就要靠自己在上课前做好预习，解决学习新课所遇到的知识障碍。叶圣陶老先生就曾说："在精读之前，得先令学生预习。"否则，在课堂里就会出现这样的现象：顾得上记笔记，就顾不上听课，顾得上听课，就顾不上思考，忙得不可开交，而结果一样都没做好，导致学习效率极其低下。

所以我们的老师在注重教授知识的同时，一定不要忘记对如何学习、如何才能学好的方法进行经常指导，并有针对性地讲解和辅导，使我们的学生学会自主学习，学会如何做预习，学会如何来听课更有效率，加强方法知识和能力的培养。

北京清华附中曾做过统计，某同学在没做预习前，曾在校200多名，做两个月时间的预习后，成绩提高了98名，预习的效果可以说立竿见影。只要你真正学会和把握预习，不但会快速提升成绩，还会带来学习的主动性和学习生活的快乐感，真正打开通往知识海洋的窗口，也就寻找到了乐学的金钥匙。

二、预习的好处

一位优秀的高中生说，预习是合理的"抢跑"。一开始就"抢跑"领先，争取了主动，当然容易取胜。必先通过预习来知己知彼，从而提高课堂的听课效率，掌握课上的知识。否则就是老师讲什么就听什么，老师叫干什么就干什么，显得呆板被动，缺乏学习的积极性和主动性。学生经过预习再去听课，上课的积极性和目的性往往比没做预习的学生要强很多，有了课前预习做基础，学生在课堂听课就可以提前思考问题，让所学知识印象更深刻，掌握更扎实。

某市中考状元小峰在总结他的预习方法时说，初中刚接触到物理的时候，学习起来很吃力,老师讲课的时候,他只能听个一知半解,自己做题也做不出来。后来,他就在每次上物理课之前自己事先预习一下老师下节课要讲的内容,这样一来,上课的时候,基本就能轻松掌握了。

小峰的预习方法是把相关内容的基本框架、概念、定义记住。如果这堂课偏重概念和定理,他就将书上的内容通读后,回想一下,这节课有几个概念、几条定理,它们都说了什么。如果还不清楚,就再仔细阅读,等把这些问题都弄清楚了,再结合书本的例子,对每条定理、每个概念逐一进行剖析,对每个定义都逐字逐句地进行分析,加深理解。在预习中,经过反复思考还存在疑问的,他就做好标记,把疑问留到课堂,老师讲课时重点听,然后再彻底解决掉。如果下堂课做实验,那么他就会首先了解本次实验的目的和所需要的器材,然后了解实验步骤,并且一边看书,一边在脑子里进行"实验"。尽量想象每一步中会出现什么现象,这些现象可以用哪些定理、定律来解释。对书中指出的一些注意事项,想一想为什么要注意这些问题,反之又会如何?而且多思考一些问题,也拓展了他的思路,实现了对知识的灵活运用。

小峰就是借助这种预习方法,将原来学习吃力的物理弄懂学好的。同时,他还把这种方法运用到其他学科的学习中,收到了良好的效果。

1. 预习使学习有针对性,减少盲目性

对于自己预习时已经搞懂的内容,也可以将自己思考、解决问题的方法与老师思考、解决问题的方法相对照,从中得到较大的启发,进一步打开思路,从而加深对已知知识的理解与巩固。相反,由于未知的东西太多,什么东西都要去记,结果跟不上老师上课的节拍,手忙脚乱,其效果就可想而知了。

学习差的学生,课前不预习,上课听不懂,课后还需花大量的时间去补缺和做作业,整天忙得晕头转向,挤不出一点时间去预习。其实,这种学生差的根本原因就在不预习上,结果形成学习的恶性循环。

有些学生由于没有预习习惯，对老师一堂课要讲的内容一无所知，坐等教师讲课，我们称之为"厅长"，缺乏对学习的主动和学习的兴趣，是不可能把学习搞上去的，否则就真的"不劳而获"了。

2. 预习是新旧知识的桥梁

著名专家杨再隋教授说："在学习新知识前，让学生利用一些学习资源进行适当的预习，以建立旧知识与新知识之间的联系是必要的。"

预习也是一个发现问题并解决问题的过程，同学们在预习过程中，会遇到自己很多解决不了的问题，在强烈求知欲的作用下，会主动回想以前学过的知识点，来帮助解决新问题，构成了新旧知识的联系。总之，坚持预习新课，不仅有助于扫除学习新课过程中所遇到的知识障碍，还会给课堂学习带来直接的好处，对于建立新旧知识的联系，促进知识的系统化，也有极大帮助。

3. 预习锻炼学生的思维能力

有了课前预习做基础后，学生听课可以提前思考问题或在老师提出问题尚未解答时，自己便提前思考，提出自己的设想、看法或解决问题的方案，可以积极参加小组讨论，也可以对老师即将要讲解的例题有足够的时间先在自己脑子里做一遍。总之，把自己的思考活动能尽可能地抢在老师解答之前，然后把自己的思路和老师解答做一下对比，自己错了，想想错在什么地方，为什么会错；如果做对了，看看还有没有不足之处，还有没有其他更好的思路等。这样积极主动的课堂学习，可以唤起自己求知的欲望，激发学习的兴趣，还可以起到以彼之长补己之短的作用，同时也会使自己的思维能力、分析问题的能力和解决问题的能力得到提升，增强自己对已学知识的深刻印象，使自己掌握得更扎实。

4. 预习有助于提升听课水平

同一班级，同一教室，同一老师讲课，听同一内容，而且智商也没有显著区别，但对新课的理解和吸收水平却有很大差别。这就是有的同学课前不预习或者预习方法不当，应付了事，造成上课时对新内容一无所知。听课完全处于一种盲目的被动状态。听天由命，一节课下来，有的地方听懂了，有的地方似是而非，遇到知识障碍就像听天书一样。有的同学是有备而来的，课前做了充分的预习，对所学新课有整体了解，对新课要讲什么，哪些是重点，哪些是难点，心中有数，明白哪些需要重点听，哪些可以放松听，在45分钟内轻松地掌握了自己所要的知识，而且不感觉累，形成听课的良性循环。

预习虽然不能把教材全部弄懂，但是只要努力总能弄懂一些。对自己懂的东西，对它就会产生浓厚的兴趣，对那些虽然经过努力但仍未弄懂的东西，我们对它会产生一种强烈的求知欲望。在这种心态下听课，精力自然就会集中到新课的重点、难点和疑点上，听课时，目的就会明确，注意力也会集中，思维就会主动。再经过老师的讲解、指点与启发，对知识的领会便可以进入更高的境界。

有一位同学总结自己的学习方法时说："有了预习这一环节做保障，课堂上我很轻松，思维活跃，不限于老师讲的或课本上的思路，我力求找出问题，想出自己的方法。这样，不仅有利于加深对新知识的理解，还有利于提高自己的思维能力。"

三、预习时间安排

简单地说，预习就是一般比较粗略、走马观花地看一下课本，这样课本上讲的内容、重点大致在心里有个谱了，知道和了解哪些内容我们自己能看懂，哪些内容自己看不懂，就OK了。

做一个5-8分钟新课预习，会解决我们听课时的思维断点（自己预习没看懂的内容）。

预习时，我们不必搞得太细，如果过细一是浪费时间，二是上课时未免会有些松懈，有时反而会忽略上课时老师讲的最有用的东西。

在假期一般不要做超前学习，尤其是对那些学习习惯不好的同学。有的家长

方法一 谈如何预习

认为在假期去辅导班做些新课超前学习，可以弥补或提高学习成绩，这其实是用了一个错误方法和手段。家长既搭钱，也浪费了孩子宝贵的休息和玩的时间，最可惜的还会起相反的效果。原因是，习惯不好的同学本来就有自以为是或不求甚解和喜欢自满的心理，当他们做了新课超前学习后，这些同学会在上课的时候注意力不集中，影响听课效果，结果是很难学好。所以选择什么样的学习方法，要结合不同孩子的学习习惯。

在当天作业完成后安排预习，主要学科多安排点时间，容易理解的学科稍稍看一下。当天预习第二天要学习的理解类科目，当周预习简单科目，内容比较少的，可以安排在周末一次把下周要学习的章节看完，形成一个知识系统就好了。

不要以为预习是一件很难的事，一个学科，只要你拿出5分钟，就能够做好。一天顶多有六节课，那么只需一天拿出30分钟就可以解决这个问题，但是这30分钟对你的课堂学习带来的积极影响却是不可估量的。

预习不是自学，但可以锻炼自己的自学能力，培养和养成学会阅读分析、理解新知识的能力和技巧。在中学语文课中增加的阅读分析的能力其实在预习中完全可以得到锻炼和提升，如果我们每个同学每次都把预习当作是一次阅读分析，就不会再把语文课的阅读分析题当成是拦路虎和绊脚石了。

读初二的桐桐不知道应该怎样进行预习，每天晚上写完作业都差不多10点左右，爸爸妈妈不想让她学习得太晚，担心她身体吃不消，10点半前就让她睡觉了。这样，桐桐每天基本上就没有预习时间，不预习，有时听课就抓不住重点，更有时候听不懂，回家完成作业就费时费力。慢慢地就形成了恶性循环，学习成绩也不断下降。要强的桐桐为此很烦恼，爸爸妈妈也跟着着急，课程越来越深了，这样的学习状态肯定影响桐桐的学习。老师了解情况后，建议桐桐必须保证预习时间，帮助桐桐制定了一个预习办法，桐桐按预习办法坚持学习，听课的效果也慢慢好起来，成绩才逐步提升上来。可见，预习对学习有多么重要。

自学能力只有在自学活动中才能发展起来。预习是学生首次独立地接触新课，在预习过程中，不可避免地要经过自己阅读、自己思考、自己联想、自己检验等阶段。久而久之，自学的能力就会提高了。

四、"一画、二批、三试、四分"的预习方法

1. 一画：通读一遍，形成问题思维断点，就是圈画知识要点。

2. 二批：写预习笔记，把预习时的体会、见解以及自己暂时不能理解的内容，批注在书的空白处。一是批注刚看到本节内容时的想法、体会、见解。二是记录下那些暂时不能理解的内容。

3. 三试：就是尝试性地做一些简单的练习，检验自己预习的效果，可以用脑子过一遍题，不一定用笔在本子上做演算。

4. 四分：归纳分类。把自己预习这节课的知识要点列出来，分出哪些是通过预习已掌握了的，哪些知识是自己预习不能理解掌握、需要在课堂学习中进一步学习的。

五、章节预习——发现重点，弄清框架

章节预习不要过细，自己能发现哪些公式、定理是重点，哪些章节自己能看懂，本章节和上一章节的联系等。如果自己能把整个章节的线索弄清楚就更好了，这就是我们所说的知识结构或框架，把握了知识结构，在我们将来的学习过程中，就会掌握重点和难点，会知道如何来学习就足够了。

六、预习也要循序渐进

若以前没有预习的习惯，现在想改变方法，先预习后上课，那么不能一下子全面铺开，每门功课都去搞提前预习，这样做会感到时间不够用，显得非常紧张，不能达到预习效果，往往还会顾此失彼。因此，刚开始预习时，要先选一两门自己学起来感到吃力的学科进行预习试点，等到尝到甜头，取得经验后，并在时间允

许的条件下，再逐渐增加学科，直到全面铺开。

七、预习中要防止两个极端

一是预习过粗，流于形式，达不到应有的预习目的。

二是预习过细，以至于上课没什么可听的，甚至打乱了整个计划，影响了其他学科，虽然有收效，但时间利用得不经济，效果不好。一般情况下，适度的预习应该是重温相关知识，扫清听课障碍。

李明华同学是合肥市第八中学初三学生。他在一次全市初中生学习经验交流大会上，谈到他在预习时间安排问题上得到的教训。

初二那年暑假，李明华听人说，暑假里预习一下下学期上的课，开学后那门课肯定能学好。小李试了试，利用暑假看了看下学期要上的几何。果然，那学期几何课程一直在班上领先。

小李尝到了甜头，逢人就讲预习的好处。他自己也近乎到了迷信预习的地步。

初二下学期开学之后，小李拿出了老办法，集中一切课余时间来预习新开的物理课，拼命地往前赶。结果打乱了学习计划，不仅物理课没学好，还影响了其他课程的学习，甚至连做作业的时间都没有了，各科学习成绩出现下降的趋势。老师发现之后，帮助小李作了分析。指出用假期预习方法预习几何取得成功，是因为预习方法和预习时间搭配得当。而开学之后，正常的教学活动已开展起来，每天上午、下午都要上课，各门功课都留有作业，仍然采取集中时间的学期预习方法预习物理，势必影响整体的学习。所以开学之后使用的预习方法通常都是及时预习。及时预习的突出特点是实用性，老师讲多少，就预习多少。这样预习的内容少，花的时间也不宜太多，一般有5—8分钟就够了。如果时间过长，就适得其反。

预习过细，一是占用了过多的时间，影响做作业；二是容易疲劳，效果不佳；

三是看了过多的内容，第二天上课还讲不到，意义就不太大了。

要注意处理好复习和预习的关系，在有限的时间内，先安排好复习的时间，而将预习安排在所有作业都做完之后进行。

方法二　谈如何听课

也许有的学生会想，每个人都有一双耳朵，听课谁不会呀。其实不然，听课也有不少学问。

一、课前准备

课前预习是为了在课堂能更好地吸收了解讲课内容做的知识铺垫，一个学生对知识的掌握主要还是看课堂效果。为了能听好课，课前的准备工作也不要忽视。

1. 物质上的准备

课前物质上的准备直接影响听课质量，在同学中，经常出现这样的问题：上课才发现自己的笔没墨水了或者书还没拿出来，虽然可以随时找到，但老师已经开始讲课了，你这一不留神，老师讲的这些知识也许会影响到你整个课堂所学习的知识点。再比如，上节课老师留了作业让你查一下作者的生平简历，而由于你的一时疏忽没完成老师的作业，而老师恰好整节都以作者为中心展开讲述，那么这节课你也是不会听好的。如果是实验课，让带的平面镜你没带，这些细小环节都会影响你的听课质量。

2. 课前知识准备

课前知识准备包括学生在课堂学习之前所做的认识上的准备和相关知识上的准备。课前认识上的准备包括收集文字和图片资料，观察一些生活和自然现象，比如学习物理的"蒸发"、"沸腾"，学生可以在日常生活中观察有关现象，衣服的晒干，烧水的变化；学习"鱼"，收集有关鱼的文字和图片，了解鱼的一些知识；学习"保护大自然"一课，可以事先到生活的周围看一看，了解有关的知识。

3.课前思想准备

课前准备过程也是激发学生学习欲望和积极性的过程。比如，上物理课的时候，学生需要准备各种各样的温度计，在准备的过程中就会向家长和周围人了解有关温度计的一些常识：温度计有哪几种？温度计是谁发明的？根据什么发明的？温度计里面的液体为什么有红色颜色，还有银白色的？学生对要研究对象的兴趣从课前准备就开始了。这样学生就会从课前到课中、课后，始终处于积极的学习状态中。

充分做好课前准备工作，更有利于提高学生听课的效率。

二、听课过程

带着问题听课、在听课中寻求答案是听课的基本环节，学会听课堂重点、难点，不断发现新的疑问点是课堂听课的关键所在，以理解为主、紧跟老师的讲课思路是激发自己听课积极性和潜能必不可少的过程和途径。

学生听课一般要达到三个效果：第一是要完成对于预习内容的再认识，从而达到加深印象的效果，重新理解和增强记忆；第二是完成对所预习中不明白地方的解释，从而达到提高认识，消除疑惑的效果；第三是完成对所学知识的把握贯通，从而达到感悟、自得的效果。孔子说"不愤不启"，孟子说"困于心，恒于虑，而后作"，都是在讲人对接触思维障碍的迫切心理。在听课的时候带着问题听课，既包括学生自身解释疑惑的需要，也包括教师在教学过程中巧妙设疑，调动学生的积极思维，这两种因素在教学过程中交替发挥作用，就会在进行思维训练的过程中提高听课的效率。

1.会听课,学会在课堂放松自己

上课时认真听课当然是必需的,任何人也无法集中精力一节课,就是说,连续四十多分钟集中精神不走神,是不太可能的,所以上课期间也有一个时间分配的问题,老师讲到有些很熟悉的东西时,学生可以适当地放松一下。

2.怎么听课

(1)跟老师

思路跟住,自己不能另搞一类,学习其他科目或看小说。孩子越大,自己越有主意,当他们对某一学科没有学习兴趣的时候,很容易在课堂不跟老师学。往往老师讲数学,他感觉自己会了或不感兴趣,去看外语,当老师讲外语,他去搞语文或者经常溜号,搞小动作,形成听课的恶性循环。

小川是个上小学五年级的孩子,他遵守校规按时上学,从不迟到早退,作业也能按时完成,可每次考试成绩却总是不理想,爸爸妈妈都为此着急。问题究竟出在哪了呢?

为了进一步了解儿子小川的学习状况和成绩不好的原因,小川妈妈专门到学校想和老师谈一谈。路过小川的教室时,恰巧遇到他们班在上数学课,于是妈妈通过教室后门的玻璃,观察了一会儿小川的听课状况:课堂上,同学们都在认真听课。可是小川妈妈发现,小川手里不知道在摆弄着什么,还不时偷偷地笑,过了一会儿又悄悄地捅了捅同桌让他也看。可能老师发现了小川的情况,突然点名让他回答问题,小川慢慢悠悠地站起来,支支吾吾地回答不上来,老师提醒他要注意听讲,小川爽快地答应完坐下了。坐下来后,小川的眼睛虽然看着黑板,却心不在焉,一会儿瞟瞟窗外,一会儿又看看手表。快要下课了,老师留下来当堂作业,其他同学都低头做起来,唯有小川摆弄着手里的铅笔半天没写几个字。下课铃声响了,一节课就这么快过去了。

看到儿子在课上的表现,妈妈终于找到了儿子成绩总是提不上去的原因,那就是上课听课不专心、不认真。

一个学生上课时，听课不专心、不认真当然学不好。要跟老师积极思维，但是过犹未及，比如，一个老师讲到一个问题，他觉得很好，就不跟老师听了，顺着这个思路，无限地往下想，结果老师已经讲到别的地方了，他还在那个地方长期出不来，最后那个问题没想出来，老师讲的问题也没听进去，损失很大。所以听课的时候，听着感兴趣的东西，抓紧把它记下来，然后及时跟着老师的思路走。

还有的同学，在课堂上只要有了跟老师不同的思路，就不让老师继续讲下去，老师你得停下来，你得跟我讨论，这个问题必须论个水落石出，结果全班同学在那等着，这样对全班同学是不公平的。

认真、专注听课是提高学习效率的前提。荀子在他的《劝学》中说："蚓无爪牙之利，筋骨之强，上食埃土，下饮黄泉，用心一也。蟹六跪而二螯，非蛇鳝之穴无可寄托者，用心躁也。"

湖南省湘潭一中高中一年级学生郭震，15岁考入中国科技大学少年班。在少年班学习了四年，又提前考取了中国科学院物理研究所的研究生。他的体会是：听课要学会追老师，让自己的思路追着老师的话转。

郭震同学听课总是全神贯注，他的思维就像一架"电子跟踪器"，一刻也不离开老师的讲话或板书。老师讲到哪里，他就想到哪里。遇到听不懂的地方，随手记下来，以便课后再去问老师。

他说："珠子穿成串才好看，学知识也是这样。课堂上，老师讲课是一环扣一环的。有一环不注意，没听懂，就影响下一环，那么课后花双倍的时间也难以补上。所以，在课堂上思想要高度集中，让自己的思路跟着老师的话转。如果上课时不好好听课，而把加倍的时间和精力用在课后复习、做作业上，使学习处于穷于应付的被动局面，那是直路不走走弯路，自找苦吃。"

正因为郭震善于听课，他的学习效率就很高。他提前两年从高中毕业跨进了

大学校门，又提前一年大学毕业考上了研究生。这真是效率出时间，会听课、听好课为郭震节省了三年的时间。

(2) 抓重点

在学习中，最重要的不是知识的数量，而是知识的质量。有些人知道的东西很多，但却不知道最有用的东西。我们都懂得这样的道理，能够摄取必要营养的人，要比吃得多的人健康。真正能够学到很多知识的人，往往不是读了很多书，做了很多题，而是学到了最有用的知识。什么是最重要的知识呢？对于学生来讲，自己在预习里没搞懂的问题是重要的知识点；老师上课反复强调的问题是重要的知识点；老师在课堂里推导的公式、定理过程是重要的知识点；老师分析例题的思路是重要的知识点；老师对课本补充的内容是重要的知识点。爱因斯坦说："在学习中要找出可以把自己引向深入的东西，而把其他的一切统统抛掉，就是抛掉使自己头脑负担过重和会把自己诱离要点的一切。"也就是说，在学习中，要做到"擒贼先擒王"，而这个"王"就是重点，即要获得的精华。

一节课只有短短的45分钟，其中老师讲的精华只集中在二十多分钟，如果不分主次，眉毛胡子一把抓，效果当然不会好，所以听课要学会抓重点。那么什么是重点呢？

从属性上看，一个是自己在预习时没看懂的知识断点；二是老师讲课内容的重点。

从形式上看，一是老师讲课反复强调的地方；二是老师列举有例题的地方。

预习时发现的自己个性化重点是我们重点消化的地方，老师积累了多年的教学经验，非常了解学生在学习过程中可能在什么地方出错和如何避免这类差错。所有这些，都是教科书所没有的内容，只有全神贯注地听老师的讲解才会领悟和掌握其中的奥妙。

但是有些学生上课不用心听讲，结果形成了"课上没学会，回家请家教，业余进补校"的恶性循环。课堂教学的作用是任何家教和补习学校所取代不了的。一个小时的用心听课，两个小时的家教也补不过来。

（3）当堂懂

课堂效果，不预习的学生能掌握课堂内容的50%—60%就不错了，做预习的学生可以掌握课堂内容的80%—90%，这里就看出来，预习和听课是环环相扣的关系，一个学习成绩优秀的学生，要重视学习中的每个过程，把握好每个学习环节，才会有不错的成绩。

我们还经常有这样的现象，一听就懂，一看就会，一做就错。其实没真会，似是而非，缺乏实践操作，没熟练。

在听懂和会做之间，它是一个台阶，这个台阶，便是基础知识。基础知识不过关，光能听懂，做题就不会了。有些家长说，我孩子会做，但抬笔就错，特别马虎。这就是判断，把会做的题目做错，这不叫马虎，这叫基本技能不过关。基本技能是需要训练的，光看书能看出来吗？光想能想出来吗？就像游泳教练教同学游泳，先在陆地上教给他学员一些动作，从理论上加以支持，但必须要有个实践过程。从会到做对，它需要有基本技能做保证，从做对到做好，还有一个基本方法问题。你说这个题目会做了，本来方法要对路，三两分钟就能搞定，结果你搞了个很另类的方法，把自己累得死去活来，头昏脑涨，花了十多分钟，甚至二十多分钟，同样是做对，由于没有掌握方法，所以还不能说做好。

"佳宇可真聪明，上课就听那么半个小时的课，下课也没见他再学习，成绩就那么棒，要是我有他一半聪明就好了。"读初一的佳宇所在的班级同学经常这样议论他。同学有时也让佳宇介绍自己的学习经验，佳宇表现得很谦虚："其实自己就是这半个小时认真听课，又因为课前预习了，课堂上能抓住老师讲的重点，剩下老师讲的我基本会了，我就可以利用一点时间考虑课后作业。"佳宇的班主任老师为此给同学们总结说："听好课、会听课是非常重要的。课堂上几十分钟的时间，

往往是课后几个小时甚至几十个小时也换不来的。"会听课的学生只要充分利用这个黄金时间，就会取得优异成绩，而且还觉得特别轻松，觉得学习是特别有意思、特别愉快的事。

有的学生就是缺乏实践操作，不爱做练习，不求甚解，被老师和家长称之为耍小聪明，考试一般失误较多，不容易得高分，平时老师、家长对其期望值还特高，往往失望值更大，所以学习时必须强调实践。

3. 处理好听课和做笔记的关系，不能做速记员

俗话说"好记忆不如烂笔头"、"不动笔墨不看书"、"最淡的墨水胜过最强的记忆"等，我国还有"推敲"和"三上"等经典笔记佳话。

这些都说明记笔记的重要性。心理研究表明，笔记有助于指引注意力，有助于发现知识的内在联系，有助于建立新旧知识之间的联系，它还可帮助学生全面系统地掌握知识，为课后复习巩固打好基础。

欧洲文艺复兴时期的大画家达·芬奇就习惯于随身带一个小本子，随时把自己遇到和想到的数字、图形、文字、甚至不可思议的想象记录在本子里，这些都是他伟大梦想的一个一个细节，正是这些细节促成了他的伟大成就。

(1) 做笔记的好处

一是课堂学习的一份重要资料；二是有利于掌握知识；三是提高学习能力。笔记内容体现出学生的注意力、观察力、记忆力、思维力、想象力、创造力以及书写能力、审美能力、创新能力等个性化特点，所以记好笔记和学会记笔记意义很大，对提高自己的综合能力和自身素质都是不可缺少的一项内容。

(2) 怎么样记笔记

平时我们是如何做笔记的？

一记学习思路和课堂重点。

二记学习收获，自己的看法、体会、联想。有些灵感是一闪即逝的，再次出现

是很难的，所以要及时捕捉，科学家很多时候做梦都会有灵感，及时起来做记录，否则就会想不起来，消失掉。

三记课堂学习中发现的问题。当我们听课的时候，经常会发现新的问题，只有及时记录下来，才能方便课后和老师探索。

(3) 只忙着记笔记，影响听课

为记笔记而记笔记，没思考老师讲什么、为什么、结果怎么样，这样只重视记笔记的学习方法也是错误的。

记笔记有时也会妨碍课堂听课效率，一节课就忙着抄笔记了，这样做，有时会忽略一些很重要的东西，但这并不等于说可以不抄笔记。不抄笔记是不行的，人人都会遗忘，有了笔记，复习时才有抓手。有时老师讲得很多，在黑板上记得也很多，但并不需要学生全记，书上有的东西当然不要记，要记一些书上没有的定理定律、典型例题与典型解法，这些才是真正有价值、需要记的东西。见什么记什么，势必影响课堂听课的效率，得不偿失。

干政同学开始上少年班的时候，刚过13岁。他听说大学上课一节课要讲好几十页课文，有的课连教材都没有，老师上课一抄一大黑板。所以，记好课堂笔记最重要。干政决定以记好笔记来听好课。

这一来，小干可忙开了。老师在讲台上讲，他在底下记；老师在黑板上写，他在底下抄。记啊，抄啊，抄啊，记啊……老师的每一句话他都觉得不能丢，费的力气可真不少，课堂笔记简直成了老师讲课的记录了。

但是，事与愿违，劳而无功。由于集中精力记笔记，大脑只是简单地、机械地反应，来不及思索，老师讲了些什么，印象不深；老师讲的重点是什么，也抓不住；自己的思路又跟不上老师的思路，难免丢三落四，脑子里乱糟糟的。课堂上效果不好，课后花的时间就更多了。干政意识到不分轻重主次地听课是不行的。于是，他改变了听课方法。上课头脑始终保持清醒和"一级战备"的状态，积极思考，听得

懂的，听过去就行了。笔记只记那些重点内容和自己没有理解的内容，记那些与自己预习时的理解有矛盾的内容，这样有选择地记不仅不乱，而且记得很快，也不影响现场听课的思路。下课以后，立即把不懂的内容向老师提出，以求当天解答，不留"后遗症"。然后，再用自己的话（注意，一定是用自己的话）整理成详细提纲式的笔记。这样做，不仅温习、巩固了当天的课程，还为今后的复习提供了方便，因为看到笔记中某一条纲要，马上就可以回忆起当时整理笔记时对这一条的理解，复习起来既快又全面。

江苏省南通市第十二中学初一（6）班马晓刚写的《我记笔记的方法》：

记笔记是学习中的一个重要环节。如果上课不认真记好笔记，那么课后复习就缺少条例，也不容易记住上课的重点，对学习是不利的。

记笔记不可能把老师上课的每一句话都记下来，这样做不但来不及，而且会错过老师上课讲的内容。正确记笔记的方法是记老师上课讲的重点、要点、难点，老师分析问题的方法、解题要点或例题要记下来，笔记的旁边还可以留有一栏空白，必要时可以记上注意点或上课时所讲的难点。有时上课时老师讲得很快，来不及记怎么办呢？有两种办法，一是暂时先记在脑子里，等有空隙时补上；二是从老师讲的众多语句概括总结，抓重点，提纲挈领地记下来。记笔记还不能光靠死记，要边理解边记，把自己的想法和看法也记下来，以便课后消化。课后还要通过看书或阅读其他资料，对笔记内容进行补充，这样笔记内容就更完整了。

4.听与好（爱好、喜好）

我们平时有没有自己不喜欢的老师？我们有没有不喜欢学习的学科？

对老师的好恶、情感也很主要，是学生是否愿意听课的主要因素。老师的外在气质、内在修养、仪表形态、讲课方法、语言魅力对学生都会有相当大的影响。

一个学生对老师的印象好了，学习兴趣就来了，拼命都行，但是一个学生对老师印象不好，这个学科就不想学了。

笔者有个远方亲属的孩子，初中升高中时学习特别优秀，各科成绩都非常好，接近满分。一个小女孩，身高在165以上，漂亮有气质，带着崇高的梦来到高中学习。到高中后，她对教她的物理老师特别讨厌，首先感觉物理老师衣着不整，其次感觉这个老师语言不顺畅，还感觉老师的人格也不吸引她，等等，反正对这个老师越来越没好感，根本没有摆正自己和老师的关系。以至于最后上物理课自己做别的课程，根本不听物理课，结果高三的时候物理只有三十几分的成绩。

因为现在很多中学生认为不是给自己学，而是"给老师学"，这个问题就把较大的压力给了老师。作为老师，一定要加强自身的业务修养，让自己成为真理的化身，才华横溢，风趣幽默，性格阳光，这样的老师往往给学生带来信心，带来力量，带来兴趣，反之如果一个老师心态灰暗或者缺乏幽默感、死板、教条，甚至用一些过时的僵化的理念教育面向未来的学生，一般就得不到学生的接受，最后影响的是一个班学生对这个学科的排斥。

每个老师都有自己的个性和习惯，我们没办法改变老师，只能改变自己适应老师，慢慢接受和喜欢每位老师，这样才会学好。作为学生，不要过多地挑剔老师，因为老师这个群体确实是一个普通得不能再普通的平常人的群体，你不要要求这个群体里面的每个人都是精英，每一个人都有大家风范，具有艺术家的气质，老师是不可能做到这一点的。作为学生本人，不能遇到一个不合自己心意的老师，就拿自己的前程当儿戏。另一方面，大部分老师还是满腔热忱、尽职尽责的，可能有的时候他的教法和你的学法期望值不太吻合，对于小升初和初升高的学生，开始面临的都是新面孔的老师，这一点尤为重要。但如果你理解一下这个老师，你就会感觉到老师的那份爱心、那份责任心。单凭这一点，就应该值得你尊重。这样一想，你对这个老师少了一份抱怨，少了一份谴责，多了一份理解，它带给你的是对这个学科的兴趣，所以有一句话叫"尊其师则信其道"。当你试着喜欢每一个老师，由于喜欢这位老师，你对这个学科也就感兴趣了。老师是我们学习知识的点拨者，

一定要试着接受和喜欢，善于发现老师的优点和长处。

一个学生同时面临各学科教师，良莠不齐，在所难免。一方面我们努力采取措施尽量提高老师的能力水平，适应学生；另一方面不可能所有的老师都能做到马上适应每一个学生要求的地步。所以学生也要适应老师，从现在开始学会适应老师，长大了就会适应社会，就不会稍不如意就抱怨环境。不同层次的老师，学生用不同的方式区别对待，眼睛向内，用调整自我的方式去适应老师，与老师共同提高。

5.听与思

在课堂听讲，思维要超前，抢在老师讲解之前进行思考，把课堂接受知识的过程变成思维训练的活动。

有些同学上课时不爱动脑思考，喜欢被动地接受知识，学习缺乏主动性，这样的孩子很难学得优秀。

专心听课是上课的基本原则，但仅仅做到专心还不够，还要积极动脑，主动地去听课。有些同学上课很老实，目视前方，一动不动，老师讲的东西这边耳朵进，那边耳朵出，一堂课结束了，他脑袋里什么都没留下，只是在笔记本上工工整整地记下几条板书。这种被动的听课也是学不好的，必须学会主动地听课。老师在课堂上是主导，学生是主体，老师启发学生，学生就要开动脑筋思考。老师讲的概念、定义都要通过具体例子去分析、讲解，任何结论的提出都有依据，都不是凭空提出来的。这就要求学生不能只会结论，死背板书，首要的是听老师怎么样把一些抽象的概念具体化，弄懂每个概念的来龙去脉，理解每个例题或具体例子的含义，从这些具体例子中理解那些难懂的、抽象的概念。

注意去思考概念和含义。听课的时候要不断地反问自己："老师讲的是什么含义？""为什么老师要这样讲？""怎样按老师讲的去做？"这样顺着老师讲的思路，将要学的知识弄懂、弄明白、学会应用。将新旧知识联系起来想一想，将所讲的内容和实际生活的内容联系起来想一想，做到边听、边看、边想。随着老师的引导积极思维，领会知识的内在联系，找出事物的发展规律，只有这样，才能真正掌握好知识。

英国著名的物理学家卢瑟福，一次走进实验室看到一个学生伏案工作，便走过去亲切地问："这么晚了，你还在做什么？"学生回答："我在工作。"卢瑟福又问："那你白天在干什么？"学生回答："我在工作呀！"卢瑟福又进一步问："那么你早晨也在工作吗？"学生自豪地仰起脖子说："是的，教授，早上我也工作。"卢瑟福迟疑了一下说："那么这样一来，你用什么时间来思考呢？"

有些人看上去一天到晚都很忙碌，每天急急忙忙赶去上课，每节课下来他也能把上课的内容复述下来，可是如果问他一个比较深入的问题，他就会答不上来了，这样的听课效率显然是不高的。

6.老师讲课要留有余地

这是对老师的建议。既然一个学生不能做到45分钟高度集中，那么老师就得保证在最短的时间内把最重要的东西讲透，然后留出一些时间给学生互动，让学生自己学习和思考，这样的课堂才是高效的。如果老师一节课满堂灌，中间没有互动，这样的课堂高效不太可能。一堂课重要的不是看老师讲多少，而是看学生接受了多少。

7.如何看我们上课时的效率

就要看在课堂上的六个"是不是"：

(1) 是不是提出更多为什么，对学习充满好奇心、充满渴望。

(2) 是不是对知识积极思考，有自己的独到见解，把知识学得更扎实、更有把握。

(3) 是不是积极谈论发言，进行广泛的参与，有意识地培养能力、发展合作。

(4) 是不是展开了想象的翅膀，有了更丰富的思想和理想。

(5) 是不是对所学东西更感兴趣，对学习知识有追求。

(6) 是不是对自己更新、创新有信心，形成积极向上的人格。

上海奉贤县南桥中学初三（5）班翁理勒同学的《紧抓课内45分钟》：

课堂内45分钟，对每一个同学来讲都是公平的。可是，一堂课下来，每个同学的收获却不一样，有时相差很大，我认为很重要的一个因素，就是对课堂45分钟的认识和态度不同。有些同学认为，课堂内的45分钟主要靠老师，自己关键是在课外多用功，因此在课堂内的45分钟里，往往是被动地学习。这些同学表面看起来很用功，课外的分分秒秒都抓得很紧，甚至连正常的体育课都不参加，但是仔细观察一下你就会发现，他的学习效率是很低的。因为我们现在的自学能力还很差，而老师有丰富的教学经验，忽视了课堂的45分钟，把学习重点放在课外，往往得不偿失。这方面我自己有很深的体会，过去我不重视课堂45分钟，自己上课前预习了一遍课文，就觉得全懂了，上课常常开小差，结果学习成绩总是不理想。后来我改掉了这个坏毛病，对老师上课讲的每一个问题我都仔细分析，认真思考，积极举手发言，一堂课下来对上课内容的印象特别深，学习成绩也明显提高了。强调抓住课堂45分钟，并不是可以忽略预习和复习，预习能对上课内容事先做个了解，复习则能巩固在课堂所学的内容，这两方面都是为上课服务的，所以，它们同样重要。

方法三　谈如何复习

一、复习的重要性

孔子说："学而时习之，不亦说乎？"德国哲学家狄慈根说："重复是学习的母亲。"古人云："温故而知新。"就是说，复习不但能巩固旧知识，还能起到学习新知识的作用。

可见，古今中外的圣贤无一例外都很重视对学习的复习。

复习就是对自己已经学习过的课程进行查缺补漏和归纳总结，把不明白的、生疏的、遗忘了的知识点整理、记忆，变成自己的永久性的知识。

复习一般包括课后复习、系统复习两种。课后复习要求及时进行；系统复习一般是在老师引导下进行的，比如单元复习、阶段复习、考前复习。

学生在学习的时候经常出现这样的现象，课上听课，课下作业，作业一完，万事大吉。对学习没有系统性和完整性，何谈成绩优秀，更谈不上优等生，这就是没有掌握学习方法的缘故。当面临中高考的压力时，想到开始补课，殊不知，千里之行始于足下，即使把考分赶上了，基础知识、基本方法、基本能力、乃至于学习习惯、学习方法和学习能力始终是个空白。因此，在学习时，一定要注意好环节的完整性、方法的实用性，不但要做好听课和作业，预习和复习一样都不能少，这样才会在学习上取得全面胜利。

蕾蕾以某省理科第三名的优异成绩考取了北京清华大学。

在高中的三年学习中，蕾蕾十分重视课后复习。每天放学回家，她不像其他同学那样，去急于完成繁重的作业，而是先回忆一遍老师一天所讲的课程，看看自己记住了哪些、理解了哪些、掌握了哪些。再打开书和笔记，有针对性地复习一遍，直到把问题弄懂了，把书上的东西变成自己的知识为止，才去认真地做作业。

就这样，蕾蕾每天晚上都要把当天所学的新知识系统地复习一遍，力求理解每一个知识点，不留下任何知识盲点，并且还要把新知识与过去所学的旧知识衔接起来，形成完整的知识体系，直到做到学懂、学通、学透。每天早上晨读时，蕾蕾又总是先用十分钟重点复习头一天的内容，这已经成为她的学习习惯。因此，每当面临考试时，她一点也不急，因为所学的知识都已印在她的脑子里了。

蕾蕾还总结了五点复习体会：

一是课后及时把老师讲的和黑板上所写的重点、难点像放电影一样，在脑子里过一遍，看看能想起多少、忘记多少，然后再看书和笔记，及时复习，查缺补漏；

二是整理与充实课堂上所记的笔记，对已学的知识进行归类，使知识深化、简化、条理化，并按规律加强记忆；

三是看教材时应边看边思考，深思重点，分析疑点，深化理解；

四是阅读必要的参考书，充实课堂所学内容；

五是加强练习。练习一般应在复习后进行，也可边复习边练习，在复习过程中加强练习，提高复习效果。

复习是学习过程的一个基本环节，历史上还没有哪个伟人能够不复习而成功的学习先例，所以复习在学习中作用十分巨大，主要体现在：克服遗忘症，是巩固自己所学知识的重要手段，增加记忆；可以帮助自己消化理解所学知识，使自己的知识在复习中不断得到升华，由知识变成能力；温故而知新，复习也是学习新知识的一个主要环节，没有对旧知识的复习，新学的知识就会缺少源头，导致我们没办法对所学新知识的理解和掌握。

在同学们学习新知识的过程中，三轮复习法对巩固所学知识，能起到事半功倍的引领作用。

二、三轮复习法

复习是课堂学习的巩固，也是为作业和考试做准备。

第一轮复习应该是在一节课结束后。如果老师留给了你几分钟的时间，那这几分钟你一定要充分利用起来，千万不要在这几分钟里抓紧去做老师布置的作业或是练习，如果这样你就把一次复习的大好机会给浪费掉了。那这段时间你做什么呢？回忆。回忆本节课你学到了什么，老师在讲课中讲了哪些重点，有哪些需要理解和记忆的东西，这些东西自己理解了么？记到了什么程度？几分钟下来，你便可以把一节课的东西都在脑子里过一遍，起到的效果可能是你晚上回家后半个小时或一小时也未必达到的效果。3分钟的及时复习超过30分钟的课后复习效率。

第二轮复习就是放学回家后，做作业前最好是先把当天学到的功课复习一遍，争取在做作业的时候不翻书就能完成，如果还需要翻书才能做，那说明你在这个知识环节上有遗忘，需要补上了。

第三轮复习是第二天早上，许多学生上学都比较早，那早上这点时间可不是你用来抄作业的，可以把昨天的知识内容再在脑子里过一遍电影。如此三轮下来，前一天的知识可以巩固三到五天了，那么周末再做一次复习小结的话，这些知识就基本上已经印在脑子里了。

三、忆、查、复的复习过程

1. 回忆——回放电影，回忆内容和知识

联合国教科文组织都承认，回放式的记忆方法是最好的复习方法。人脑记忆是以图片形式记忆的，我们说一个名词，我们头脑里先有的是图形，然后才显示

文字和内容。比如，我们说矿泉水，头脑里最先显示的是水瓶子，其次才是矿泉水三个字。在复习中做回忆，先展示的是我们在课堂学习中老师讲授知识的场景，我们把知识结合一定的场景记忆，就远比机械记一些知识要容易得多。

关于回忆法的功效，国内外许多心理学家已经做过大量测试，证明确实比熟悉之后背诵效率高得多，其道理也好理解，一是随时检查记忆状况，自然识记时针对性就强，因为目标已经相当明确了；二是较背诵或朗读的注意力更加集中，效果自然就更好。

这种方法的好处是：

(1) 可以及时了解自己在学习中的记忆情况。每次尝试回忆后，就会知道自己记住些什么，还有哪些没记住，进一步学习时便可以有重点有选择性地记忆了。

(2) 可以激发人的学习积极性。进行尝试回忆，目的是回忆再现当初的学习场景，把学习知识的场景作为一个画面来回忆，更符合记忆中的规律。

(3) 进行尝试回忆，目的是逐字逐句再现读物，能促使自己把目标对准那些没记住的内容逐字逐句地来耐心阅读，形成学习中的兴趣点。

2.查阅——查漏补缺

在学习的时候每个人都有懒惰的现象，在自己的潜意识里想蒙混过关，总以为自己已经学得差不多了，其实还有很多知识盲点在里面，有些是叫不准，有些是根本没掌握或没掌握全，只有通过查缺，才使自己真正知道哪些是掌握了的，哪些是没有掌握的，这样才会有意识地及时弥补自己的知识上的欠缺点，查缺补漏也是督促自己学习的好办法。

课后复习还要充分利用好教科书，通过预习、听课和回忆，对教科书上的大部分知识已经掌握了，只有一少部分内容在自己大脑中还处于模糊不清的状态，这个时候把教科书当作自己学习的工具书利用就可以了，把不会的知识进行适时的查阅复习。

平时我们在看书的时候，可以用红笔把书上的重要部分、新概念或容易忽略的部分画出来，同时在书的空白处记下简要的体会，以便在以后复习查看时，能快速抓住知识的关键部分，提高复习效率。

需要指出的是，有些学生平时看书不注意对教科书进行"加工"，结果在考试复习时找不到哪些是重点，只好从头看起，结果弄得复习时间不够用。甚至有些同学在学完一本书之后，还像新书一样干净，原因是没有很好地把教科书利用好，这样的学习能优秀吗？

多数同学也能把重点内容画出来，可是几乎没有自己的体会和见解，全是根据老师的意图去画的，有时还会画得很乱，这样的教科书也起不到自己利用的价值，也表现出很肤浅的学习态度和不会学习方法。

3. 复述

通过复述，不但可以牢固掌握我们所学习的基础知识，而且对我们的记忆力、概括能力、写作能力、综合能力都有全面的提升。

我们来看看江苏省盐城市沙东初中三年级陈学斌同学的文章——《复述——记忆的法宝》，也许会对我们有一定的启示。

我的学习方法就是复述法。所谓复述法，就是对自己已经学过的知识提出问题，进行回忆，口述解答，复习学过的内容，起到自我检查、加强记忆的作用。复述能发现学习中的薄弱环节，以便及时补上，复述还能找出学习中的难点，以便集中精力，重点突破。

下面谈复述的几种方法：

（1）课后复述。就是上完一节课或看完书后，用几分钟的时间概述老师讲授的内容或这段书的中心思想，及时抓住重点，加强理解消化。

（2）全天复述。就是在一天学完之后，安静地复述自己一天所学习的内容，默想一遍。这种方法有助于记忆，简便可行。

(3) 阶段复述。就是学完一章或几节课后，可以回顾所学课本的内容，找出每个章节的重点，在认识上由部分走向整体。

(4) 考前复述。就是在全面复习的基础上，将书本知识化粗为精，化多为少，提纲挈领地复述一些主要内容和主要问题。这样考试就胸有成竹了。

这些就是我在学习中总结出的经验，也是我的学习好方法。

复述要求对书本内容掌握得更加熟练，否则复述就要卡壳，所以复述是在回忆基础上更高一级的复习，同时复述还能锻炼一个人的反应和协调能力，对语言表达能力欠佳、性格内向的学生是一个不可多得的学习方法。

四、学生自己做读书笔记的体会

上海市曹行中学初三 (4) 班王伟国的读书经验《做好读书笔记》：

读书笔记能帮助我们更深入地思考和理解书的内容，增强记忆力，提高学习效率。

读小学时，我成绩很差，原因就是从不做读书笔记。进入中学后，我开始做读书笔记，并尝到了甜头，学习有了明显提高，我还积累了一些经验。现在就和大家介绍我做读书笔记常用的方法。

画记号，加批语。看到课文上有什么重要的观点、结论、精彩的分析、论述、有典型意义的数据和对自己有启发、教育最大的地方或有什么看不懂的问题、值得研究的地方，都可以画出不同记号或在旁边空白地方加批语。记号可以根据自己的需要设计，如横线、曲线、圈、点等表明重要的地方，用问号表明看不懂、值得研究的地方等。

摘录。摘录是把书中的重点、精彩句子或段落抄录在笔记本上，摘录时，假如碰到前后或中间不需要摘录的文字，可以用省略号表示。为了便于查对，摘录下来的原文应注明书名、页数、标题等。这样积累多了，就形成了某种专题资料。

概括与缩写。把自己读过的文章概要地叙述，说明某篇文章主要讲什么问题，这样做能锻炼我们的综合能力和概括能力，也便于将来复习和进一步研究。

列提纲。阅读课文要根据内容上的联系找出各段或各部分的重点，用自己的话扼要地记下来，这就叫提纲。列提纲必须条理清楚，既节省时间，又突出要点。

记心得笔记。心得笔记相当于读后感，这种笔记可以写自己读后的心得体会，也可以对原文某些论点加以发挥或提出批评，这种笔记能帮助我们获得系统牢固的知识，培养我们分析判断和综合能力。这种笔记没有一定格式，可以是零碎的看法，也可以是系统的见解，可以用三言两语来表示，也可以形成完整的篇章。

写读书笔记的方法和形式很多，上面介绍的只是我平时常用的几种方法，在具体运用时你可以只采用一种，也可以把不同的方法综合起来运用，大家不妨试试。

学会做读书笔记是一种很重要的复习方法。它不但可以捋顺知识结构，而且还可以使我们学到的知识得已升华和提升，真正把学到的知识变成自己的东西，而不是浮在水面上，从而达到会应用的目的。

五、复习要遵循的规律

1. 及时复习

复习贵在及时，这是由"先快后慢"的遗忘规律所决定的（如下图）。

心理学家做过这样的实验：让三组学生熟记一篇诗歌，第一组间隔一天复习，第二组间隔三天复习，第三组间隔六天复习。要达到熟记的统一程度，第一组学生平均需要复习四次，第二组平均需要复习六次，第三组需要平均七次。可见，复习间隔的时间越短，复习需要的次数越少。实验结果表明：复习能做到及时，可以提高熟记的结果。遗忘曲线表明，遗忘进程先快后慢，遗忘在识记后就开始了。识记后20分钟记忆遗忘了41.8%，如果间隔时间过长，等遗忘差不多了再复习，那就

等于几乎从新学起，所以新学习的知识一定要及时复习。如果能在遗忘开始时就进行复习，常能收到理想的效果，同时也会给你学习节省大量时间。

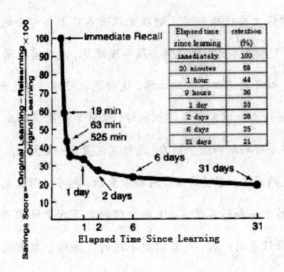

时间间隔	记忆量
刚刚记忆完毕	100%
20 分钟之后	58.2%
1 小时之后	44.2%
8-9 个小时后	35.8%
1 天后	33.7%
2 天后	27.8%
6 天后	25.4%
一个月后	21.1%

图3-1　艾宾浩斯记忆遗忘曲线

2.经常复习

要记忆牢固，就必须注意经常复习。随着记忆力的不断巩固，复习次数可以不断减少，间隔也可以逐渐拉长。从时间安排上，尽量要做到：每天有复习，即当天课程一定要复习一次；每周有小结；每章有总结；期中期末有系统复习。很多知识渊博的人都要靠经常复习来巩固记忆。马克思知识丰富，掌握许多门外语，对不同学科都有较深入的研究。拉法格在谈到马克思学习时就说："他有这样的习惯，隔一段时间就要重复一次，他用笔记和书上做了记号的地方来巩固他本来已经非常精确的记忆。"

3. 合理分配复习时间

复习时间分配对复习效果影响很大。在复习时间安排上，一般分为集中复习和分散复习两种。集中复习将时间集中使用，连续不断地反复学习；分散复习将时间分开使用，记忆、休息或安排其他活动交替进行，其效果要远远高于集中复习法。

4. 积极复习

复习可分为积极复习和消极复习两种。一次积极复习可以胜过十次消极复习，缺乏学习动机，重复次数再多也不能熟记。所以必须认识到影响学习效果的关键不是复习次数，而是复习的态度和动机以及复习的策略和方法。

复习方法和方式很多，也可以结合起来综合和灵活使用，但都需要持之以恒效果才会更好。好的复习方法不但给自己学习节约大量的时间，而且还会提升自己多方面的能力。

方法四 谈作业的完成

现在中小学普遍存在的现象是作业量大，学生除了上课就忙于作业，有时候还要到晚上九十点钟。存在这种情况的原因很多，一个是各科老师在抢占孩子的时间，没能平均照顾，为的是突出自己的学科成绩，不考虑学生的实际承受能力，搞题海战术，效果也不佳。小学和初中存在的这种现象比高中严重，严重影响学生的学习质量和健康发展，这也是造成一部分学生厌学的原因之一，这是亟待解决的教育问题。也存在着学生学习不得法，不知如何完成老师留的作业，而且完成质量也存在明显的应付，不懂得如何通过做作业提高学习质量和成绩，长此以往，也会使部分学生产生厌学思想。作业用时长、没有针对性、作业不能产生很好的学习效益是我们老师在研究学习方法时必须研究的和亟待解决的问题。

做作业也要讲究方法。

一、做作业要"四不做"

1. 不计时不做作业

记录做作业的时间，限时学习至少45—60分钟。计时做作业可以培养我们学生的耐力和习惯，养成良好的计时习惯，在规定的时间内完成作业任务可以减少浮躁，同时也会避免一次学习时间过长使自己太疲劳。如果是自己长期处于疲劳状态，不但对自己的身心发展不利，同时也容易使自己产生一学习就疲劳的心理症状，使自己的情绪能长期保持积极的学习状态中。

2. 不小结不做作业

作业总结包括：

(1) 一题多解，比较步骤高明、方法巧妙的解法。

(2) 一题多变，想一想这道题能不能变一变，如果有几个问题，直接问最后的那个，能否做出来。

(3) 多题一解，对题目进行比较归类。

我们做作业，为的是提高学习成绩。学习成绩的提高，主要在于完成作业后对知识的归纳和总结，把知识形成系统，并牢记于心。否则就是因做作业而做作业，只是在形式上完成作业而已。

我们在学习过程中往往讨厌题海战，题海战最容易使自己身心力竭，最后还会产生厌学情绪，所以做题不要滥竽充数，一个类型题做两个就足够了，重要的是学会分析题和做题后的总结，这样一不至于使自己疲劳，二还可以养成自己对事物的探研精神，习惯于遇事问问为什么和学会比较的能力，收到成绩提升和能力养成的双重效益。

3. 不检查不做作业

检查作业会让我们养成周密做事的习惯，做事严谨周密更是一种能力，同时在检查过程中，不但可以回忆起我们做题的思路，还能起到激发新思维的作用。如果当初我们做的那部分存在问题或有错误，我们还会有机会及时改正。

4. 不复习不做作业

有些家长说，我的孩子回家就开始写作业，没有你说的那些时间预习，更没有时间按你讲的方法来完成作业，是被老师牵着走，否则就会被老师找，怎么办？

如果是孩子每天被老师的作业牵着走，足以说明两个问题，一是老师作业留得过多，是不合理的作业，二是说明我们的孩子本身做作业的质量差，不能在规

定的有效时间里完成作业，如果这样，自己不做改变，你孩子永远会是那样，更谈不上优秀。

解决的办法是：

（1）是要成绩还是要老师的作业，这个认识问题，就要我们家长做出合理的选择，难道为了满足老师不合理的作业，让我们孩子不去提高素质，不去提高学习成绩，用牺牲自己的未来做代价吗？家长朋友愿意吗？

（2）找方法和老师交流，把自己孩子学习存在的实际问题，耐心地和老师进行交流，老师也会支持学生选择正确的学习方法，因为老师和我们家长一样，也急切盼望学生能把学习成绩搞上去。

二、做作业的过程

独立完成作业是深化知识、巩固知识、检查学习效果的重要手段，也是复习与应用相结合的主要形式。然而，有些学生没有真正利用好这个环节。他们一下课就抢着做作业，作业一完，万事大吉。更有些学生课上根本没听懂，下课后也不问，作业抄袭后向老师交差完事。这样的学习肯定是没有成效的。

怎么做好作业呢？

1. 审题——要细

拿到一个题目，首先应判断它属于哪一类，难易的程度如何，分清题目的条件和要求。已知条件是什么，从题目提供的信息中还能挖掘出什么条件，它的要求是什么，同时要让自己的思路顺着题目的问题思考。通过思考，准确、透彻地理解题目的意思，分清已知条件有哪些，题目要求的结论是什么。在审题过程中，要解决三个方面的问题：

（1）要看得准确

题目中的每一个字、每一句话以及每一个符号、每一个数据都要看清楚、看准确。因为题目一旦看错了，后面的一切工作都是没用的，实际上，看错题目而做错的现象十分普遍。最常见的数学问题，"增加到"和"增加了"虽然只有一字之差，结果却是不一样的。

（2）要分得清楚

要善于把一个问题分解成几个部分，各个部分之间存在着怎样的因果关系，把问题中的已知、未知和潜在的条件都分析清楚。例如，"火箭升空时所受到的力为F"，就不能只理解为一个发动机的推力，还应该有地心引力、空气阻力，它们的合力才是F。

（3）要连得起来

就是对题目进行分析后，能把有关知识和当前题目联系起来，还能把题中各部分联系起来，也要把过去解这类题用过的方法和经验联系起来，这样方可找到解决问题的方法。比如在地理计算中，涉及到北京时间的地方时，就暗含着北京是北纬40度和东经120度的隐含条件，只有分析出来这样的隐含条件，题目才可能被我们轻松地求解出来。

2.寻找解题途径——要稳

方法一般有三种：

第一种是"由因导果"，可以表述为："已知→可知→可知……"，最后到达结论。

第二种是"执果索因"，即"结论←需知←需知←……"。这样一层一层地追下去，直到追到已知条件全部有了为止。这样，已知条件和要求结论之间的道路就打通了。

第三种是对于一些比较复杂的题目，就需要我们用前面两种的综合办法，以尽量缩短条件与结论的距离。即一方面从已知条件推出一些可知的中间结果，另一方面根据题目的要求分析出一些需知的中间结果。需知与已知一旦统一，则可

得到解题的途径。

3.正确解题方法——要清

经过以上两个步骤，已经寻得解题的途径，判定了解题的方案。但在实施时还要注意解题的保质保量。要做到这点，解题的步骤必须按部就班，一步步演算。书写规范化，格式明了，表达准确。要做到这点，必须要有扎实的基础。除此以外，在解题中，重要的知识点应写出来，繁题要简写，简题要详写。

4.注意检查——要耐心

就是回过头来再检查一遍，看看是否题目要求的解都求出来了，有没有漏解。是否求出的解均符合题目的要求，有没有错解。检查是培养学生独立思考能力的重要一环。

检查的方法很多，主要有：

(1) 步步检查法。即从审题开始，一步步检查。这种方法可以检查出计算、表达上的错误。

(2) 重做法。即重做一遍，看结果是否一样。

(3) 代入法。将计算结果代入公式或式子看看是否合理。同时，还要注意锻炼一题多解、一题多想、比较归类的解题习惯，提高自己分析问题和解决问题的能力。

5.计算结果——要准

有些同学在做作业的时候马马虎虎，草率地算出结果，然后和同学对答案，如果是正确就算过去了，不再查找原因了，不对再查找原因。因为在做题的时候就想，做对还是做不对，过一会儿和同学一对答案就知道了，这样就降低了对自己的要求，时间长了，就会存在一种依赖的思想，总不相信自己会独立地解对一道完整的题目，考试的成绩就可想而知了。

还有一些同学平时计算的准确率极高，但是是靠计算器算出来的，用惯了计算器，一旦考试计算，连最基本的运算都会感到困难，这样不经常做运算，运算能力肯定就会退化了，殊不知，考试中计算是一种必考的能力。

三、选择习题

1. 做基础习题，掌握知识点，要求正确率100%。一个班60人，前40名都能做到。而且两道题就可以掌握一个知识点，超过两道题就是在做无用功。

2. 做综合习题，建立一条知识线。知识线的建立指的是纵向相关知识。

3. 做难度习题，要求学生掌握一个知识面 。知识面的掌握指的是横向相关知识。

孔夫子就讲"因材施教"，按照因材施教的理论，老师每天给每个学生留的作业应该是不同的，应根据各自的情况有针对地做应该做的题。做不该做的题就像吃了不干净的东西一样，是要拉肚子的。可是老师不可能每天都出60套不同的作业，这就要求学生自己和家长根据情况分配作业中习题的比例。

表4-1

	前十名	中游学生	后几名
基础习题	30%	40%	50%
综合习题	50%	50%	50%
难度习题	20%	10%	0

现在考试难度题越来越少，偏题怪题基本不会出现，考查的是学生运用基础知识的能力和方法以及解决实际问题的能力，即使是最后的压轴题，也会体现3分左右的基础性题目。所谓的压轴题，就是不能让大家都得分，也不会让所有的考生都不得分，达到最后拉开分值的作用。所以即使是尖子生，也不要把大量精力放到这里。

比如，晚上做一道题花30分钟以上，这道题做与不做对考试没什么影响，甚至有时候孩子做完作业已经十点半了，是一种不正常的现象，是在做不该做的题。每天晚上，孩子用30分钟做不出的题不要做了，抄写在错题本上。每周末休息时把错题本上的题做会。保证初中学生晚上九点前写完作业。剩余时间用来预习、复习、归纳、检查。反过来，如果孩子晚上每天被作业占满了，成为作业的奴隶，他

方法四 谈作业的完成

想提高学习成绩是不可能的。

上海奉贤县南桥中学初三（5）班姜蔚蓉的《多做题、不做题与精做题》：

读书学习，离不了做题目，可你是否知道，这个看似简单的过程还颇有一番讲究呢。下面我就谈谈自己的体会。

同学们都知道，在复习应考之际，我们做的习题最多。刚上初一时，考前我总不停地做题，把课本的练习题——做完，就又去搞些复习资料来翻阅，然而每次考试时，我脑袋里总是乱糟糟的，稀里糊涂地就给题目做错了，考试成绩总不理想，这下，我可纳闷了：做了这么多题，怎么还考不好呢？

以后几次，我干脆就不做题，可这个办法更行不通，因为考试时，我脑袋里空荡荡的，有时甚至连答题的格式都记不清。

这是为什么呢？怎么办？经过几天的苦苦思索，我终于找到一个解决问题的好办法。

每次复习，我先细细领悟各章节的内容，然后再选一些有代表性的题目做，这样既巩固了已学的知识，又节省了时间。比如说代数，我是一节一节地复习的，先认真看一遍本节的例题、要点，接着再去做后面的习题，每个大题只要挑几个小题做就行了，如果遇到不懂的地方，就再翻看前面类似的例题，动动脑筋再去做。

我用了这种学习方法以后，果然受益匪浅，总能得心应手地应付各种测验、考试。后来，我就把这种普遍存在的做题现象归纳成九个字："多则乱、弗则惘、精则清。"同学们，对于精做题，你想试试吗？

方法五　建立错题本和精华本

一、关于建本

首先，在建立错题本之前，我们需要搞清楚错题本的作用。说宽泛点，是一种能够提高学习效率、提升学习质量、夯实学习基础、创造优秀成绩的重要手段。而很多同学并没有引起重视，其实，是对错题本理解有误区，错题本上不一定只是错题，它应该包括错题、容易出错题、难点题、典型题等，应该是对知识的梳理，是重点，尤其是难点、经典的集合，是系统学习基础上的重点解析，使得学习重点更突出，复习更具针对性，学习更有高效性。

1. 错题本的作用

（1）错题本是学生自身错误的系统汇总。当把错误汇总在一起的时候，就会很容易看出其中的规律性。

（2）错题本能改变学生对错误的态度，对待错题的态度是减少错题的关键。错误是宝贝，因为错误才能使学生知道自己的不足，而不能因为错题少或错误的原因简单而忽视它。一个错误实际就是一个盲点。如果对待错误的态度不积极或者缺乏思想的重视，把自己的错误视而不见，错误就会在任何可能的时候发生，而且会经常重复发生。对待错误一定要"善待"、"严待"。

（3）错题本能改掉马马虎虎的坏习惯。学生会因为怕抄错题或错题太多没面

子,从而小心翼翼地做作业,不再马马虎虎了。

2. 错题本的使用

(1) 经常阅读。之所以出错,大多因为知识点不扎实,所以对待错误要经常"见面",就像"1+1=2"的问题,即使是梦中也不会出错。

(2) 相互交流。同学间交换错题本,互相借鉴,互有启发,在错题中淘"金",以便共同提高。

(3) 拓展功能。建议在错题本上完善几个功能,就像模块一样,让"错"变得非常清晰,如标出"概念错误"、"思路错误"、"理解错误"、"审题错误"等错误原因,标出"错误知识点",写出答题的方法和技巧。

(4) 错题本的使用贵在坚持,只有持之以恒才能见效。

(5) 建立网络错题本,可以在网上登记错题,对错题进行标记和打印。

3. 建错题本的几个误区

(1) 以为建立错题档案太耽误时间,没有用,题目明白就行了,花那么多时间整理错题,还不如多做一些题。

(2) 应付老师,老师检查就随便找几道题写到本子上,不检查就不写。

(3) 重数量,轻质量。见到错题就整理到本子上,错题整理了一大堆,成绩提高不明显。

(4) 重改错,轻分析。只把题目的正确答案写到本子上,没有错误分析或错因写得过于简单,不能写出错误的实质性原因,只是写"马虎了"、"粗心了"等。

(5) 重整理,轻应用。错题整理得很好,但不能正确使用,不能发挥其功效。

4. 错题档案的建立

(1) 选择纠错的重点

错题整理应该有的放矢,不能把所有的错题都整理下来,对于一些识记性的错误和涉及应试技巧技能的失误,就在试卷和作业本子上改正就可以了,没必要整理下来。同学们应该对重点的理解、应用层面的错误，也就是那些规律方法比较强又容易出错误的知识点和容易阻塞的知识点进行整理。每周整理的不易过多，多了效果就不会太明显，一般5-10道题为宜。

(2) 找出错题中明显的考点

训练找出的错题考点，有利于提升审题能力和提取信息的能力。错题考查的知识点，应该做到心中有数，并一一罗列出来。

(3) 找出知识的盲点

对错题的错因应重点诊断，找出错题考点知识链最薄弱的环节，即盲点。并在错题本上做醒目标志。

(4) 链接相关的知识点

纠错固然重要，领悟提高和知识迁移更加重要。应该对错题考点相关知识进行联系，形成知识体系，对解错题进行整理，形成规律，对同类错题进行归类，实现知识迁移，以求事半功倍。

(5) 列出解题注意点

俗话说，"吃一堑长一智"，自己应该对错题的考点、盲点、知识链接点和应试技巧方面的问题，切实提出注意点，务求纠错必尽，以防止以后类似的错误发生。

连续掉入同一个陷阱的人，绝对不是智者。

二、备好、用好自己的错题本和精华本

对错题、难题、好题及时做标记还不能万事大吉，因为，对于大部分同学来说，那些错题、难题、好题都需要反复做三四遍才能真正掌握的，不排除一遍就能真正掌握的可能性，但这种学生为数不多，大部分学生都是"一听就懂，一看就会，一做就错"的那种。因此，大部分同学都要把这些题整理到自己的错题本和精华本上，隔一定时间就要复习一遍，千万不要自以为是。

方法五　建立错题本和精华本

特别是对于计算上的失误，大部分学生认为，只不过是自己算错了而已，并不是自己不会。但考试的时候，老师是不会管你到底是哪儿错了。特别是填空和选择，错一点都是错，少个符号也是零分。所以，大家还是按照"计算错也是错"的标准严格要求自己。同时要及时发现好题，发现的好题几乎就是期中期末考试乃至于中考高考的原题型。

三、如何做错题

1.处理错题

有两类题目，必须引起学生的重视，一类是作业和考试出现的错误；另一类是考试或课外作业遇到自己不会做的题目。如果专研一个题目，一直找不到思路，为了提高学习效率，就别再钻牛角尖了，停下来看看相关答案和相关提示，一旦看明白了，自己再把它独立地做一遍，或者不会做的题目就请教同学，人家一点拨，只要你找着思路，就别让人家给自己讲了，你应该接着这个思路进行认真的独立思考，这样的一种学习，才是非常有帮助的，通过这样的题目铺垫，你的学习就会悄悄地上一个台阶。但是有些题目，你看着非常陌生，甚至答案都看不懂，这样的题目说明离你太远，应该敢于放弃。

2.处理错题的步骤

(1)错题的原题目；

(2)错因，基本概念错了还是基本公式没记住或是基本技能不过关，还是基本方法没掌握；

(3)举一反三；

(4)题型；

(5)复习次数。

北京四中的学生70%有错题本和好题本，同学们一定要注意平时培养好自己好的行为习惯和学习方法，过程不变结果不变，只有自己真正地改变了不好的习惯，才能掌握正确的学习方法，同时也会有不错的成绩提升，使自己成为真正的优秀者。

3. 做题注意事项

(1) 最重要的是选"好题"，千万不能见题就做，不分青红皂白，那样的话往往会事倍功半。

(2) 题并不需要多，类似的题只要2-3个就足够。

(3) 做题效率的提高，很大程度上还是取决于做题之后的过程，对于做错的题，应当认真思考错误的原因，是知识点掌握不清还是因为马虎大意，分析过之后再做一遍以加深印象，这样学习效率才会真正提高。

4. 选题上是有学问的

选什么样的题要根据自己要达到什么样的目的来决定。

(1) 要使自己做题更加熟练，就需要找一些并不是很新颖的一般题来做，这种题不厌多做，几十道题如果涵盖面广的话，可以多做上几遍。

(2) 如果要多见见各种类型的题目，就一定要找新颖的题。

(3) 如果要锻炼自己的解题能力，就要找大题由浅入深地做下去。

做题一定要做细，必须落在笔上，最好能够写过程。只有做精做细，才有条件将来做大做强。做题切不可着急，需要心平气和，像品咖啡一样，慢慢地"品味"你所做的几道题。如果没有时间就不要做题，应该记住做题也是"宁缺毋滥"的。

抽空做题也是不可取的，细微的时间最好用到文科上，这样文科和理科就能够综合地发展了。

四、考试题必须百分百过关，胜似错题本

错在哪，建立个丢分统计表，审题错误，运算错误，书写错误，每个题目都要

方法五　建立错题本和精华本

从新做一遍。

1. 第一步，成绩分析。想一想，这次考试自己满意不满意，对什么满意，又对哪些方面不满意。再想想，这次考试有没有什么特殊的，例如，第一次考试、没有复习的考试……如果有这种特殊情况，那么这里就可以得出结论了：

(1) 考得不好，说明不了什么问题，我努力，我就不信下回我考不好！

(2) 考得好，说明不了什么问题，一时侥幸，还得努力，看下次才是印证我的实力的时候！如果一切正常就进行下一步。

2. 第二步，学科分析。自己是不是偏科了，这时应对弱项多加练习。

3. 第三步，因素分析。自己是智力因素还是非智力因素导致的丢分。智力因素就要调整自己的方法，非智力因素就要端正自己的学习态度。

4. 第四步，做下一步学习的计划。

五、如何应对考试

1. 要有一颗平常心，树立自信心

考试是对你平常的能力、基础知识、学习素质的全面检查，如果你自信平时学得还不错，就不要担心考试的时候会考不好。

当自己遇到难题，一定要这样想，同一个老师，同一套教材，我会做的题目，别人也会做，所以较量的不是在不会的题目上，而是在会做的题目看谁能得满分，谁的丢分最少。对于一个陌生的题目，你没见过，别人也没见过，这样一想，心就不要慌了，心里坦然就能发挥好。

1985 年中美联合招收赴美物理学研究生考试，获得全国第一名的任勇同学，对这点有比较深刻的见解。他当时说："要想在考试前不存在心理负担，在学习上有一个远大的目标是很重要的，这样会把考试看得很渺小。这就好比一个长跑运动员，在望见终点线时，当然会加快步伐全力冲刺，但这时也最容易跌跟头，因为他太渴望到达终点了。必须告诫自己,这远不是最后的冲刺,离最后的终点线还远。我觉得作为一个大学生来说,不应当把出国、考研究生当作最高的追求。"

2. 不要怕出错

平时大型考试,这个考试再重要,也不会决定你的命运,所以不要怕出错。我们把这样的考试当作一次心理磨炼、素质的提升,是非常好的复习和锻炼自己的机会,即使出错,可能对自己决定命运的考试起到警示作用,督促自己查缺补漏,这样在大型考试中,你会发现自己的正确率反而更高。

3. 审好题

审题一定要仔细,而且一定要慢。一个数据里暗藏着解题的关键字和词,这个字词没有读懂,要么找不着解题的关键,要么误读了这个题目。在你误读了的基础上来做这个题,虽然会感觉很轻松,但一分不得。所以审题一定要仔细,一旦把题意弄明白了,这个题目也就会做了,会做的题目是不耽误时间的,真正耽误时间的是在审题的过程中,只要找到思路了,单纯地写那些步骤并不占用多少时间。

4. 培养一次做对的习惯

现在有些同学,好不容易遇到自己一个会做的题目,就快速地把自己会做的题目做"错",争取时间去做自己不会做的题目。殊不知,前面选择题和后面的大题,难易差距很大,但是含分量是一样的。所以一定要培养自己一次就做对的习惯,越是重要的考试,往往越是没时间回来检查,可能你陷在后面那些不会做的题目里出不来,当抬起头来的时候,已经是开始收卷子了。

5. 控制好速度

多长时间做一个选择题,多长时间做一个填空题,才是比较合理呢?

不应该一概而论,应该是你平时用什么速度做题,考试的时候就用什么速度做题,不要人为地告诉自己,考试的时候要加快速度。反之,如果在考试的时候一心想加快速度,会导致你做题质量的下降,结果会把会做的题目做错,而腾出时

方法五　建立错题本和精华本

间去做后边的难题，又长时间解不出来，就会造成会做的题目不得分，不会做的题目根本得不着分的局面。

不要担心做慢了做不完，把握一点，一个学生的正常考试，如果始终在自己会做的题目里，这次考试一定是正常发挥，甚至是超出发挥。你一直投入到会做的题目里，按照你平时训练的速度，踏踏实实地往前推进，即使你发现后面的题目可能会做但来不及了，最后你会发现这次考试的分数往往比实际水平要高。反之，如果你提速了，把前面会做的题目，在情急之下，在某个数据上或者在某个符号上出现问题了，从此你就陷入了万劫不复的状态，你就走上了一条不归路，这样才是最耽误时间的，也是没有取得好成绩的根本原因。

6.简单题得满分，中档题多得分，难题能得分

简单题得满分，中档题多得分，难题能得分，这就是我们考试要做到的。大型考试最后的那个题目，正常人也别指望有太多收获，有时放弃是一种智慧，也是一种勇气，一个平时成绩一般的学生，要把精力放到最后那个难题上，就是大错而特错。高考每一道题得分率有一定的要求，最后那道题既要难，还要让大家的得分率不要太低，它总会抛出那么几分，让大家比较轻松地得到。因此，高考不必费力去做最后的那道题，但绝不是说最后那道题可以不得分。你应该有这样的心态，反正最后那道题我也不想得满分，这样一想，无知者无畏，反而就更有自信了，能得个三四分就行了，这时你会突然发现，要得满分很难，想得三四分还是比较容易的。心情轻松，时间宽裕，反而会比平时训练得分要高。

王金战老师讲过这样一个事例：

我有一个学生曾经参加全国奥林匹克数学竞赛，获得了全国一等奖，在2003年高考中，给自己设定的目标是数学得满分。考数学的时候，开始按他自己的计划答题，结果选择题还没做完，后面的学生就开始翻卷了，声音很大，整个考场都听得清清楚楚。要是学生心理素质不过硬的话，在那样的场面下，就容易乱了方寸。

后面的那个同学一翻卷子，我这个学生开始琢磨了："怎么回事？我以为我水平够高的了，怎么他比我更高？"他情绪一波动，注意力分散了，好不容易把自己的注意力进入状态，后面的同学又翻卷子了。更可怕的事还在后面，那个同学提前半个小时交卷，我的这个学生还有两道大题没做呢，一看这种情况，就几乎崩溃了，心想："完了，今年的这套题肯定不适合我，或者我前面的题做得太慢了……"结果，最后的那两个题还有半小时，匆匆忙忙去做，思路自然不清楚。

下午考试看到那个学生一问，结果是体育特长生。选择题是顺着A、B、C、D胡乱填写的，填空题也是找比较熟悉的数字填写上的，结果提前交卷。

就这么一个学生，竟然把一个强势学生吓个半死，可见，学生的心理素质有多么重要。

7. 掌握考试方法

首先，要冷静沉着地读卷，一丝不苟地把全部考试试题看一遍，正确理解题意。如果发现有不明确或不理解的试题，应立即举手请教老师，让老师讲清楚。然后，从整体上看一看，全卷共有几种类型的题，如概念问答题、计算题、判断正误题、选择题、论述题等，每一题可给多少分，这样以便分配考试时间，占分数多的试题可考虑先做。

试题并不要按给定的顺序解答，自己可以从最容易做的题目做起，这样可以增强信心，自己掌握的知识可以完全反映到试卷上。如果在做的过程中，遇到了难题，一般三五分钟还不知从何入手，这时就要放下这道题，先做后面的题。等其他题做完了，有时间再回头做这一题。碰到难题如果不跳过去，就不仅耗费了有限的考试时间，还可能弄得后面会做的题也没时间去做，而且会挫伤自信心，增加紧张心理，出现思路阻塞，以至使本来会做的题也一时不会做。最后，只要时间许可，一定要从头到尾检查一遍到多遍。

少年大学生施展在高考之后谈考试的体会时说："首先，审题是很重要的"。"如

果审题错了，就会把题目做错，即使后来检查出来了，也已经浪费了第一次做题的时间。在做题时，我力求做一题，验算一题，一有错立即改正过来，当我做到其中一道求 K 值的题目时，我感到这道题有一定难度，我就跳过了这道题，继续往下做，一直做到最后一题。我让脑子清醒一下，然后再反过来做求 K 值这道题。由于脑子清醒，我很快就把这一题做出来了。接下去，我把每道题再仔细检查了两遍，改正了一道题的错误。这时，余下的时间已经不多了，我只得匆匆忙忙地做完附加题……"

结果，施展在这次数学高考中只失了 1 分。

方法六　制订学习计划

"凡事预则立，不预则废。"恩格斯说："没有计划的学习，简直是荒唐。"

做什么事有了计划就容易取得好的结果，反之则不然。有没有学习计划对你的学习效果有着深刻的影响。

防止被动和无目的学习。毫无计划的学习是散漫疏懒、松松垮垮的，很容易被外界的事物所影响。

在学习的始终，贯穿的就是计划的制订。人因为有长期计划而有气势，因为有中期计划而有精神，因为有短期计划而变得勤奋。

一、制订学习计划的作用

1.计划是实现目标的蓝图

目标不是什么花瓶，你需要制订计划，脚踏实地、有步骤地去实现它。通过计划合理安排时间和任务，使自己达到目标，也使自己明确每一个任务的目的。

可能大家会有这样的体会，在一段长时间自习（例如周六下午从2点到6点的4个小时自习的时间）开始时，只做了10分钟练习就坐不住了，总想着去看电视、上网或是逛街，结果大好时光就这样被白白浪费掉了。

这是因为你没有给自己制订好学习计划。计划有短期的和长期的，在开始任何学习前，都要为自己制订一个周密的计划。短期的，比如刚才说的4个小时自习，

分成若干段，每段时间做一科，小结或是做题，都一一计划好；中期的，比如在高考前5月份看课本计划，用半个月看完一本课本，每天看几页，一天中的哪个时段看，都事先拿一张大白纸写下来，每天完成后都做好标记。制订学习计划是提高学习效率的一种好办法。

2. 促使自己实行计划

学习生活是千变万化的，它总是在引诱你去偷懒。制订学习计划可以促使你按照计划实行任务，排除困难和干扰。实行计划是意志力的体现。坚持实行计划可以磨炼你的意志力，而意志力经过磨炼，你的学习收获又会进一步提升。这些进步就会使你更有自信心，取得更好的成功。

3. 有利于学习习惯的形成

按照计划行事，能使自己的学习生活节奏分明。从而在学习时能安心学习，玩的时候能开心地玩。久而久之，所有这些都会形成自觉行动，成为好的学习习惯。提高学习效率，减少时间浪费。合理的计划安排使你更有效地利用时间，你会知道多玩一个小时就会有哪项任务不会完成，这会给你带来多大的影响。有了计划，每一步行动都很明确，也不要总是花费心思考虑在下一步该学什么了。

4. 好的计划会成就自己的一生

有一位哲人说过："如果你没有一个好的出身，那么就选择一所好的学校吧。如果进不来好的学校，就去遇一个好的老师。如果上述条件都没有，那么就制订一个好的人生计划吧。"

夏冰曾是山东省文科状元。在谈到自己的学习经验时，他特别向大家详细传授了他制订计划的一套完整步骤。他说学习是个温故知新的过程，所做计划也自然要分学习计划和复习计划两种。他认为高考目标计划，从高一入学就应该确定：考大学，考什么样的大学，这是学习计划的第一条。然后根据这一目标制订长期计划和近期计划。

从长期计划看，一个学期，一个学年都可以，但一般以一个学期为宜。计划内容可包括两个方面：一是打算考到的名次，包括保住几个名次或超越几个名次；二是对总分及各科分数的阶段性要求。这样就使自己在短期内有了目标，在每次小测验、单元验收中向所定的目标靠拢。另外，他还说，切忌目标不可定得太高，否则结果如果离目标太远，会十分打击自信心。

从短期计划看，做出一周乃至一天的计划来，可以使自己对所学的东西有更好的掌握。对于一周的计划来说，每周可以有一至两个重点科目，如对知识的渴望超过升学的热度，计划中的自由支配时间可以多一些，反之可以少一些。对于一天的计划来说，要注意对老师所讲内容消化时间的安排，并留出适当的时间以备调整。总之，远期与近期计划都要符合自身情况，并要结合学习情况进行调整，这样才能收到应有的效果。

另外一个方面是复习计划的制订问题。复习计划的制订是完全针对高考而言的。学完所有的内容后，老师一般会按他指定的计划带领学生复习，而对学生而言，课余时间要有自己的复习思路。首先，计划中要有足够的时间放在基础知识上，因为无论哪一科，基础知识往往易被忽视，实际这才是高分的基石。其次，进行考试题训练。熟悉高考，消除手生的感觉，做到熟练解题。再次，留出时间放松心情，这对考前的孩子必不可少，很多考生就是在冲刺阶段搞坏了身体，以至无法正常发挥。最后，在临近考试时，回顾基础知识与历届考题是计划的主要内容，这时计划不要过紧，应做足精神备考。

二、怎么制订学习计划

在制订学习计划的时候，也要有一定的步骤：

第一步，要分析现有条件，即自己所处的具体环境和自身所具备的条件；

第二步，要确立目标，目标是主客观两个方面结合的产物，而不是空中楼阁；

第三步，选用措施，它是计划目标执行的保证，包括作息时间调整，各学科调

换和搭配，文体活动安排等；

第四步，程序，它要求符合认知的一般规律和循序渐进的原则。

制订学习计划要注意以下几点：

1. 计划要考虑全面

学习计划不是除了学习，还是学习。学习有时，休憩有时，娱乐也有时，所有这些都要考虑到计划中。计划要兼顾多个方面，学习时不能废寝忘食，这对身体不好，这样的计划也是不科学的。

制订计划还要重视它的指导性。计划一定要有计划的价值。用它指导我们的学习工作，必须要看出计划使你的效率提高了，你的生活不再是那么没条理了才好。

2. 长远计划和短期安排

长期计划制订以后必须坚持谨记，卧薪尝胆就是长期计划成功的最好例子。诸葛亮的隆中对也是十分成功的长期计划。人生计划就是个人的长期计划，要给自己的人生设定好目标，这样自己才会有奋斗方向。

在一个比较长的时间内，比方说一个学期或一个学年，你应当有个大致计划。因为实际中学习生活变化很多，又往往无法预测，所有这个长远的计划不需要很具体。但是你应该对必须要做的事情心中有数。而更近一点，比如下一个星期的学习计划，就应该尽量具体些，把较大的任务分配到每周、每天去完成，使长远计划中的任务逐步得到解决。

有长远计划，却没有短期安排，目标是很难达到的。所以两者缺一不可，长远计划是明确学习目标和进行的大致安排，而短期安排则是具体的行动计划。

短期计划要不停地制订，例如，晚上先写什么作业，最近几天的主要任务是什么，做哪的课外题，攻克哪方面的难关……这都要很好地制订。

3. 安排好常规学习时间和自由学习时间

常规学习时间指按学校规定的学习时间，主要用来完成老师布置的学习任务，消化当天所学的知识。而自由学习时间指除常规学习时间以外的归自己支配的时间，你可以用来弥补自己学习中欠缺的，或者提高自己对某一学科的优势和特长，或者深入钻研一件有意义的事情。

自由学习时间的安排是制订学习计划的重点。抓住了和合理利用自由学习时间，对自己的学习和成长都会有极大好处的。所以我们应该提高常规学习时间的效率，增加和正确利用自由学习时间，掌握自己的学习主动权。

4. 对重点突出学习

学习时间是有限的，你的精力也是有限的，所以学习要有重点。在这里，重点一是指你学习中的薄弱学科，二是指知识体系中的重点内容。只有抓住重点、兼顾一般，才能取得更好的学习效率。

5. 从实际出发来制订计划

计划的制订切忌过高过大，尤其是短期计划，制订时必须考虑到它的可行性，而且每一步都要按照计划实行。对于周计划、月计划，每周和每月都要检查自己完成的情况，只有把每周和每月的计划完成得好，才能最后实现自己的计划目标。

制订计划不要脱离学习实际，要符合自己现在的学习压力和水平。有些同学制订计划时，满腔热情，计划得非常完美，可执行起来却寸步难行。这便是因为目标定得太高，计划定得太死，脱离实际学习生活的缘故。

虽然这么说要从实际出发，可你未必明白怎么样是实际。实际可以分成三个方面：

知识能力的实际：每个阶段，计划学习多少知识，培养哪些能力。

时间的实际：常规学习时间和自由支配时间分别有多少。

教学进度的实际：掌握老师教学进度，妥善安排常规学习时间和自由支配时

间，以免自己的计划受到"冲击"。

注意效果，及时调整。

每一个计划执行结束或执行到一个阶段，就应当回顾一下效果如何。如果效果不好，就应该找找原因，进行必要的调整。

这里是一份简单的回顾列表：

是否完成了计划中的学习任务？

是不是按照计划去执行任务的？

学习效果如何？

如果有任务没有完成，那是什么原因？（安排过紧、太松？）

回顾之后，要记得补上缺漏，重新修订计划。你也可以通过日记来记录一天的学习计划进度，便于改进和回顾。

6. 计划要留有余地

制订计划不要太满、太死、太紧，要留出机动时间，使计划有一定的机动性。毕竟现实不会完美地跟着计划走，给计划留有一定的余地，这样完成计划的可能性就增加了。

7. 脑体结合，文理交替

学习对脑力消耗非常大，所以不要长时间学习，要适当加入休息时间。而且在安排学习计划时，不要长时间地从事单一活动。学习和锻炼可以交替安排，因为锻炼时运动中枢兴奋，而其他区域的脑细胞就得到了休息。比方说，学习了两三个小时，就去锻炼一会儿，再回来学习。安排科目学习时，也要文理交替安排，相近的学习内容不要集中在一起学习。

古话说，文武之道，一张一弛。今天，无论干什么事，都应当保持时间运筹上的弹性，这样才能有效率，才能持久。

列宁写给他的妹妹伊里奇·乌里扬诺娃的信里说："我劝你正确分配学习时间，使学习内容多样化。我很清楚地记得，交换阅读或交换工作内容，翻译以后改阅读，写作之后改做体操，阅读有分量的书之后改看小说是非常有益的。不过，最主要的是不要忘记每天必须做体操，每天迫使自己做几十种不同的动作，这是非常重要的。"

爱因斯坦在工作之余弹钢琴、拉小提琴，还拿起望远镜遥望繁星点点的夜空。英国科学家法拉第，青年时期得了头疼病记忆力不好。医生说是因为他用功过度，不注意休息。可他却诙谐地说："一个丑角进城，胜过一打医生。"医生劝法拉第出去换换脑筋。于是，法拉第便去看滑稽戏，逛动物园，看马戏表演，漫步名山大川。他渐渐地恢复了健康，继续从事科研工作了。

在中国科技大学少年班，少年大学生们的课间休息，内容是很丰富的。一下课，他们就到室外去活动，散散步，聊聊天，或者几个人打一会排球，很少有人趴在桌上看课本做练习。

也有的同学在上完数理化课之后，利用课间休息时间，掏出英语单词本，读几个单词，或者掏出一本精彩的小说看上一段，也是一种休息。这样的课间休息就保证了下一节课的听课效率。

8. 提高学习时间的利用率

早晨、晚上或一天学习的开头和结尾的时间，可以安排些重记忆的科目，如外语。心情比较愉快，注意力比较集中，时间较完整时，可以安排比较枯燥或自己不太喜欢的科目。零星的、注意力不易集中的时间，可以安排做习题和自己最感兴趣的学科。这样可以提高时间利用率。

时间是非常公道的，对任何人都一视同仁，每人每天24小时不会多，也不会

方法六　制订学习计划

少。可是，花费时间后的效果却有很大差别。有的同学整天埋头苦读，并没学好功课；有的同学不仅功课学得好，习题也做得多，玩得也痛快。这里的关键有一个时间运筹的问题。科学地、合理地支配时间，是中学生健康成长的重要因素之一。

9.当天事情当天做完

即努力做到"当天事情当天做完"。有些同学往往寄希望于"明天"，把今天的事情留下来占明天的时间去完成。今天推明天，明天推后天，连锁反应，每天该做的事情都完成不好。所以坚持"当天事情当天做完"很重要。

《明日歌》中写道：

明日复明日，

明日何其多。

我生待明日，

万事成蹉跎。

世人苦被明日累，

春去秋来老将至。

朝看水东流，

暮看日西坠。

百年明日能几何？

请君听我《明日歌》！

低温物理学专业的研究生翁征宇对这一点就很有体会。

小翁刚进少年班时，一天下午，他在教室里做数学作业，由于题目的解法较繁琐，加上室外有些同学在劳动，很热闹，弄得他心神不宁。注意力一分散，题目就老做不出来。越急，心越烦；越烦，题目越做不出来。他烦躁地把笔一扔："明天做！"

当天晚上，小翁躺在床上，回忆白天的学习和生活，心里非常后悔。他悟出了一个道理："今天的事推到明天去做，并不是由于事难，而是由于自己缺乏毅力。"

小翁改正了自己的缺点，学习进步得非常快，提前一年考取了研究生。

方法七　合理安排学习时间

没有时间，计划再好，目标再高，能力再强，也是空的。时间是如此宝贵，但它又是最有伸缩性的，它可以一瞬即逝，也可以发挥最大的效力。会不会利用时间，关键在于会不会制订完善的、合理的工作计划。所谓学习计划，就是填写自己的学习时间表——某年某月某日要做什么事，哪些事先做，哪些事后做，哪个时间内以哪些事为重点，安排哪些时间内做什么事，目标何时达到等。

将时间投入到与你目标相关的内容上来，从而达到"三效"：效果，即确定的期待成果；效率，即用最小的代价获得结果；效能，即用最小的代价获得最佳的期待结果。

根据学生对于时间管理的现状调查了解得出这样的四种状况：合理规划，管理时间；准备不足，浪费时间；无人指点，抵消时间；不分主次，滥用时间。

制订计划、合理安排作息时间是获得正确利用时间方法的前提。

一天，大耿教授在上课之前让同学们搬来一些看起来莫名其妙的东西，其中，有一盘大石块、一盘小石块、一盘大沙子、一盘小沙子、一大盆水、一个大大的透明玻璃杯。当同学们把这些东西摆放好之后，教授说道："同学们，今天我们一起来做一个有趣的实验。实验的要求是把我眼前的这所有的石头、沙子和水都装到这个玻璃杯里。那么，请同学们回答，应该按照什么顺序来装呢？"顿时，同学们的好奇心被调动起来，纷纷发言，有人认为东西那么多，杯子那么小，把所有的东西都装到玻璃杯是不可能的，有人认为应该先装水，有人认为应该先装小沙子……看到同学们这么踊跃，教授笑道："首先必须明确的一点是，这些东西是可以全部装到杯子里的，只是你要找准顺序，下面我们就来看看到底按照什么顺序才能完成这个实验。"

图7-1

于是，教授先把大石头装到杯子里了，再把小石头装进去，接着装大沙子，然后装小沙子，最后把水全部倒了进去。刚刚好，一样东西也没剩下，教室里顿时掌声雷动。最后教授总结道："表面上看，我们是在执行一个不能完成的任务，但事实表明，按照刚才的顺序，我眼前这所有的东西都已经被完全装到这个玻璃杯里。这其中只要有一个顺序不对，任务都不能完成。比如，你把小沙子放在了第一顺序，那么装大沙子的时候，大沙子之间将留有空隙，而且这些空隙无法被填充，因为你已经把能够填充空隙的最细小的沙子先装到了杯子里，这将直接导致杯子的一部分空间被占用，造成浪费。同样的道理，如果先装小石头，那么大石头之间的空隙也将无法被充分地利用，从而造成浪费。

其实，我们人的一生不也正像一只容积有限的杯子吗？水、沙子、小石头等也就是我们生活中那些比较琐碎的小事，就如衣、食、住、行、消遣、娱乐等生活琐事，而大石头也就是我们的理想、抱负、追求、人生的长远计划。那么，从这一层含义上来说，你是否清楚你的人生大石头是什么呢？

通过这个实验，我们得出一个什么样的道理呢？那就是在时间管理和效率上，我们应该把握各项学习任务重要程度的先后顺序，按照事情的重要程度来安排工作，要事第一，要事先做，只有这样，我们才能不断保持较高的效率。作为一名学

方法七　合理安排学习时间

生，一定要有明确的目标，保持清晰的头脑，懂得先做什么后做什么，一步一步朝着目标前进。

那么如何高效学习，科学规划、安排时间呢？

一、事物排序ABC优先法则

以某一阶段各种事物的重要程度为依据，把所做的事务按由重到轻的顺序划分为A、B、C三个等级，然后按事务的重要等级在某一个时段内依次完成的做法。

主要考虑：

①你需要做什么；②什么能给自己最高的回报。

表 7-1

排序	做什么	最大回报	执行时间
A_1			
A_2			
A_3			
B_1			
B_2			
B_3			
C_1			
C_2			
C_3			

表 7-2

本周优先排序安排	内 容
A级优先——必须做	
B级优先——应该做	
C级优先——可以做	

大多数成功者都有一个共同特点，即他们都是管理时间的高手，而失败的管理者则无一例外地都不善于管理时间。这是因为管理时间是有技巧的：

(1) 把每天要做的事列一份清单；

(2) 确定优先顺序，从最重要的事情做起；

(3) 每天都这么做。

你会发现这三条建议的关键点在于根据事情的重要程度决定优先顺序。你还应当把每天的目标量化起来规定好自己的时间，每天早上一上班就马上看自己的时间规划，最重要的是什么事情，做自己最重要的事情，把A类事情作为自己最重要的、最有价值的、最关键的事情，保证自己首先把A类事情做好，把最好的精力聚焦到A类事情上，其次是B类，然后是C类，然后才是做其他的事，其实一些不紧急不重要的事情根本没有必要去做。关键是分清A、B、C：

A：20%最关键的事情；

B：80%中最重要的事情；

C：做自己该做的事情。

一旦你把每天的工作事项排列好，一旦你的目标出来，一旦你看过了你做的计划，你就知道了，自己生命中什么是最重要的，你就马上把工作时段分配出来了，抓住重要的。

维克托米尔克是一个大公司的总裁。他使用的最重要方法是制订每天工作计划。他谈了自己的变化："现在我根据各种事情的重要性安排工作顺序。首先完成第一号事项，然后再去进行第二号事项。过去则不是这样，我那时往往将重要事项延至有空的时候去做。我没有认识到次要的事项竟占用了我的全部时间。现在我把次要事项都放在最后处理，即使这些事情完不成我也不用担忧。我感到非常满意，同时，我能够按时下班而不会心中感到不安。"

他认为，自己出现的一个最重要变化是更明确地确定了各项目标。过去他从未迫使自己写出要做的事和将它们排列出优先次序。这样做使他能够对各项目标有明确认识，把需要做的事交给别人，自己则可集中精力去处理那些需亲自做的重要事情。

许多人在处理日常事务时，完全不考虑完成某个任务之后他们会得到什么好

处。这些人以为每个任务都是一样的，只要时间被工作填得满满的，他们就会很高兴。或者他们愿意做表面看来有趣的事情，而不理会那么没有趣的事情。他们完全不知道怎样把人生的任务和责任按重要性排队，确定主次。在确定每一天具体做什么之前，你要问自己三个问题：

(1) 我需要做什么？明确哪些是非做不可、又必须自己亲自做的事情。

(2) 什么能给我最高回报？人们应该把时间和精力集中在那些能给自己最高回报的事情上，即所谓"扬己所长"。

(3) 什么能给我最大的满足感？在能给自己带来最高回报的事情中，优先安排能给自己带来满足感和快乐的事情。把重要事情摆在第一位。

你知道吗？区分轻重缓急是你成功最关键的技巧。因此，那些功成名就的人都会为自己待办事项制订优先顺序：

每天工作都有一张先后顺序表，写出你的每天目标；

每周工作都有一张先后顺序表，写出你的每周目标；

每月工作都有一张先后顺序表，写出你的每月目标。

你为何没有想到为自己的工作制订一张优先顺序表呢？如果你想到了，就马上去做吧。不要做自己的奴隶，不是每件事都重要、都值得做。

著名编剧尼尔·西蒙决定是否将一个构思发展为剧本前都会问自己："假如我要写这个剧本，在每一页都尽量保持故事的原则性，而且能将剧本和其中的角色发挥得淋漓尽致的话，这个剧本会有多好呢？"答案有时候是："还不错，会是一个好剧本，但不值得为此花费一两年的生命。"如果是这样，西蒙就不会写。

不值得做的事情会让你误以为自己完成了某些事情。事实上，你只是对那些白费的力气沾沾自喜罢了。

卡莉·菲奥莉娜还在朗讯科技公司工作时，就被《财富》杂志评为年度"美国商业界最有影响力的女性"，并成了那期《财富》的封面人物。于是，众多的猎头公司盯上了她，纷纷以种种诱人的条件，拉她去别的公司发展。她被这些诱惑搅得心烦意乱。她的人生导师朗讯科技公司的董事长却告诫她说："你必须自己拿主意……要想清楚哪些职务邀请是你愿意考虑的。无论你的目标是什么，都不要浪费时间在不符合你的目标的人身上。"菲奥莉娜认清了自己的人生目标，没有为那些诱惑所动，最后终于成为世界最著名公司之一——惠普的第一位女总裁。

遗憾的是，我们大多数人一直要到他们生涯走了一大半以后，才开始问这样的问题，也许是因为年轻时并不了解计划一旦开始要花费多少时间才能完成，也不了解我们的时间其实非常有限。

不值得做的事情还会消耗你的时间和精力。因为用在一项活动上的资源不能再用在其他的活动上，不值得做的事所用的每一项资源都可以被用在其他有用的事情上。

不值得做的事情还会赋予它自己的生命，而且它还会生生不息。

如果你还有选择的机会，请你问问自己："如果我将这个构思的潜能发展到极致，是否真的值得呢？"答案如果是"不"的话，那你千万别去做。

我们把自己所要做的事情按重要顺序安排好，就会减少工作的盲目性，会节约下来大量时间安排我们的学习和工作。这里要强调的是，必须要把事情的重要性、主次分析清楚，而不能本末倒置。在不同的问题中、在不同的时间段以及不同的人会有不同选择，而不是千篇一律，要把握事物发展的个性。

二、无所不在的"二八法则"

二八法则是20世纪初意大利统计学家、经济学家维尔弗雷多·帕累托提出的，他指出，在任何特定群体中，重要的因子通常只占少数，而不重要的因子则占多数，因此只要能控制具有重要性的少数因子即能控制全局。这个原理经过多年的演化，已变成当今管理学界所熟知的二八法则，即80%的公司利润来自20%的重要客户，其余20%的利润则来自80%的普通客户。

有人说："美国人的金钱装在犹太人的口袋里。"为什么？犹太人认为，存在一条78：22宇宙法则，世界上许多事物，都是按78：22这样的比率存在的。比如空气中，氮气占78%，氧气及其他气体占22%。人体中的水分占78%，其他为22%等。他们把这个法则也用在生存和发展之道上，始终坚持二八法则，把精力用在最见成效的地方。

美国企业家威廉·穆尔在为格利登公司销售油漆时，头一个月仅挣了160美元。此后，他仔细研究了犹太人经商的二八法则，分析了自己的销售图表，发现他80%的收益却来自20%的客户，但是他过去却对所有的客户花费了同样多的时间——这就是他过去失败的主要原因。于是，他要求把他最不活跃的36个客户重新分派给其他销售人员，而自己则把精力集中到最有希望的客户上。不久，他一个月就赚到了1000美元。穆尔学会了犹太人经商的二八法则，连续九年从不放弃这一法则，这使他最终成为凯利—穆尔油漆公司的董事长。

不仅犹太人是这样，许多世界著名的大公司也非常注重二八法则。比如，通用电气公司永远把奖励放在第一，它的薪金和奖励制度使员工们工作得更快，也更出色，但只奖励那些完成了高难度工作指标的员工。摩托罗拉公司认为，在100名员工中，前面25名是好的，后面25名差一些，应该做好两头人的工作。对于后25人，要给他们提供发展的机会；对于表现好的，要设法保持他们的激情。诺基亚公司也信奉二八法则，为最优秀的20%的员工设计出一条梯形的奖励曲线。

在任何一组东西中，最重要的只占其中一小部分，约20%，其余80%的尽管是多数，却是次要的，称二八法则。集中处理重要的20%，就可以让我们学会避免将时间和精力花在琐事上，要学会抓主要矛盾。一个人的时间和精力都是非常有限的，要想真正做好每一件事情几乎是不可能的，要学会合理分配我们的时间和精力。要想面面俱到还不如重点突破，把80%的资源花在能出关键效益的20%的方面，这20%的方面又能带动其余80%的发展。80%的目标只有20%的价值，20%的目标具有80%的价值。

20%的人支配别人,80%的人受人支配。

20%的人做事业,80%的人做事情。

20%的人有目标,80%的人爱瞎想。

20%的人放眼长远,80%的人在乎眼前。

20%的人把握机会,80%的人错失机会。

20%的人计划未来,80%的人早上才想今天干嘛。

20%的人按成功的经验行事,80%的人按自己的意愿行事。

20%的人重复做简单的事,80%的人不愿做简单的事。

20%的人明天的事今天做,80%的人今天的事明天做。

20%的罪犯的罪行占所有犯罪行为的80%。

20%的汽车狂人,引起80%的交通事故。

世界上大约80%的资源,是由世界上15%的人口所消耗。

世界财富的80%,为20%的人所拥有。

80%的能源浪费在燃烧上,只有其中的20%可以应用到车辆中,而这20%的投入,却回报以100%的产出。

二八法则告诉我们,不要平均地分析、处理和看待问题。

当我们懂得了事物二八法则,就更容易清楚地分清哪些是重要的和急需的事物,哪些是不重要的和可以缓一些处理的事物,更能让我们把握做事的步骤,理清做事的脉络,节约做事的时间,提高做事的效率,学习上何尝不是如此呢。

三、艾森豪威尔法则

如图7-2和图7-3:

(1) 如何减少浪费在C事务上的时间;

(2) 第二象限是增加时间利润的关键。

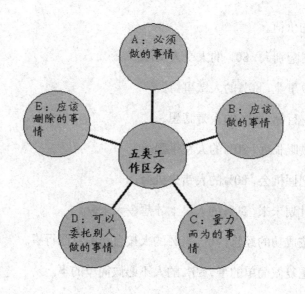

图7-2 五类工作区分图

图7-3 艾森豪威尔法则划分示意图

艾森豪威尔法则将工作区分为五类：

A：必须做的事情；

B：应该做的事情；

C：量力而为的事情；

D：可以委托别人去做的事情；

E：应该删除的工作。

每天，把要做的事情写在纸上，按以上五类归类：

A：需要做；

B：表示应该做；

C：表示做了也不会错；

D：可以授权别人去做；

E：可以省略不做的工作。

而每天在大部分的时间里，最好是在做A类和B类的事情，即使一天不能完成所有的事情，只要将最值得做的事情做完就好。坚持下去，必能取得一个成功的人生。

同样的道理，把自己1到5年内想要做的事情列出来，然后分为A、B、C三类：

A：最想做的事情；

B：愿意做的事情；

C：无所谓的事情。

接着从A类目标中挑出A1、A2、A3：

A1：最重要；

A2：次重要；

A3：第三重要的事情。

然后针对A类工作，抄在另外一张纸上，列出你想要达成这些目标所要做的工作，接着再将这份清单分成A、B、C三类，分别代表你最想要做的事情、愿意做的事情以及做了也不会错的事情。

把这些目标放回原来的目标底下，重新调整结构，规划步骤，接着就是去执行。这称为"六步走"的方法：

(1)挑选目标；

(2)设定优先次序；

(3)挑选工作；

(4) 设定优先次序;

(5) 安排行程;

(6) 执行。

如果每天这样做,单这一个习惯,就可以拥有一个非常成功的人生。

四、张弛有度的A.D法则

A.D法则就是先区分各种工作的性质,然后纳入连续—分段—连续—分段的工作模式。

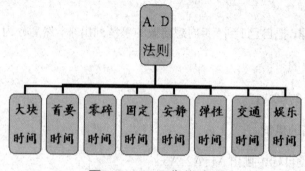

图7-4　A.D工作模式图

A.D法则的使用:

(1) 动静交替;

(2) 体脑交替;

(3) 工休交替。

著名学者朱自清的《匆匆》:

燕子去了,有再来的时候;杨柳枯了,有再青的时候;桃花谢了,有再开的时候。但是,聪明的,你告诉我,我们的日子为什么一去不复返呢?是有人偷了他们吧?那是谁?又藏在何处呢?是他们自己逃走了吧?现在又到了哪里呢?

我不知道他们给了我多少日子,但我的手确乎是渐渐空虚了。在默默里算着,八千多日子已经从我手中溜去,像针尖上一滴水滴在大海里,我的日子滴在时间的洪流里,没有声音,也没有影子。我不禁头涔涔而泪潸潸了。

去的尽管去了，来的尽管来着，去来的中间，又怎样地匆匆呢？早上我起来的时候，小屋里射进两三方斜斜的太阳。太阳他有脚啊，轻轻悄悄地挪移了，我也茫茫然跟着旋转。于是——洗手的时候，日子从水盆里过去；吃饭的时候，日子从饭碗里过去；默默时，便从凝视的双眼前过去；我觉察他去得匆匆了，伸出手遮挽时，他又从遮挽着的手边过去；天黑时，我躺在床上，他便伶伶俐俐地从我身上跨过，从我脚边飞去了。等我睁开眼和太阳再见，这算又溜走了一日。我掩着面叹息，但是新来的日子的影儿又开始在叹息里闪过了。

　　在逃去如飞的日子里，在千门万户的世界里的我能做些什么呢？只有徘徊罢了，只有匆匆罢了，在八千多日的匆匆里，除徘徊外，又剩些什么呢？过去的日子如轻烟，被微风吹散了，如薄雾，被初阳蒸融了，我留着些什么痕迹呢？我何曾留着像游丝样的痕迹呢？我赤裸裸来到这世界，转眼间也将赤裸裸地回去吧？但不能平的，为什么偏要白白走这一遭啊？

　　你聪明的，告诉我，我们的日子为什么一去不复返呢？

五、合理安排作息时间

　　鲁迅先生说："时间就像海绵里的水，只要愿意挤，总是有的。"东汉时期一个学者叫董遇，他说："学习只怕不立志，立了志就怕没时间，我就是利用三余来学习的。"什么是"三余"呢？就是冬者岁之余，夜者日之余，阴雨者晴之余，他就是利用冬闲、晚上、阴雨天的时间来学习的。

　　爱因斯坦从不虚度时间。有一次，他推着一部婴儿车在伯尔尼的马路上散步。他迈着庄重的步子，每走十几步就站住，从上衣口袋里拿出纸张和铅笔，写下几行数字和公式，低头看一看甜睡的儿子，抬头看一下钟楼上的大钟，又向前走去……爱因斯坦就是这样，任何零碎时间也不会忘记拿笔和纸，把自己思考的成果写下来。

"逆水行舟用力撑,一篙松劲退千寻。古云此日足可惜,吾辈更应惜秒阴。"这首诗是革命老前辈董必武在1959年8月24日专门为中学生同学们写的。

董老在诗中用"学如逆水行舟,不进则退"这个比喻来告诫同学们,学习中的困难时时有、处处有。就如同逆水而上的船只一样,不论行到哪里,行到什么时候,总会遇到逆向的水流。因此,一定要用大气力向前撑,不能稍微松劲。只要有"一篙"松了劲,船就会被水冲回"千寻"。古人称一寻为八尺,"千寻",比喻很远。"古云'此日足可惜'",用的是唐朝韩愈的典故。韩愈有两句诗:"此日足可惜,此酒不足尝。"意思是,这光阴是很值得珍惜的,这酒是不值得品尝的。董老在此处借用韩愈的诗句来强调光阴的可贵。"惜秒阴"是由惜分阴引申而来的。晋朝的陶侃说过:"大禹圣者,乃惜寸阴;至于众人,当惜分阴。"董老的意思是说,惜分阴还不够,要惜秒阴。力求做到"惜秒阴",这是运筹时间的前提。中学时期,这人生的黄金时代,是很有限的,我们要加以充分的利用,促使自己成才。

1. 平时作息时间安排计划

有时候,表面看学习时间不少,但真正属于归自己支配的时间却很少,为什么呢?因为老师布置的学习任务很重。相反的情况有时也有,即表面看学习时间并不多,但基本上可以自己自由安排,原因是老师布置的学习任务比较少。这里有怎样的秘密呢?

每天,除上课时间以外,学习时间可以分为两部分:一是常规时间,主要用来完成老师当天布置的学习任务,消化当天所学的知识;二是自由学习时间,是完成了老师布置的学习任务以后剩下归自己支配的学习时间。其实,我们制订计划也就是指自由学习时间计划,把这部分时间安排得合理有规律,生活就会有条不紊了。

(1) 定点睡觉,按时起床

形成一种良好的作息习惯是学习的基础和前提,一位伟人曾经说过:"不会休息就不会学习。"

①保证充足的睡眠是学习的必要条件，要讲究学习效率。一个中学生的正常要求是，每天平均必须保证8个小时的睡眠，如果一个学生一天保证不了8个小时的睡眠，就会使学习效率受到很大影响。所以，睡觉也是一个效率问题。

②不要和时间赛跑，否则永远不会有好成绩，更谈不上做个佼佼者。如果一个人经常和时间赛跑，其精力和体能就会不断下降，休息不好，效率低下，再没有足够的锻炼时间，身体健康就可想而知了，这样怎么会有好成绩呢？

③小学生的睡眠不能低于8-9个小时，初中生不能少于7-8个小时，高中生得少于6-7个小时，而且有条件的最好午睡，哪怕只睡10-20分钟。

法国有一个规定，法国国民每天中午都得保证一个小时的睡眠时间。中午保证哪怕是半个小时的睡眠时间，也能起到加油站的作用，试想一个学生从6点起床，到晚上10点或11点睡觉，这么长时间，如果中间没个加油站，他的很多时间都是在迷迷糊糊状态下度过的，在这种状态下，学习效率就不会得到有效保障。

④规律性睡眠也是养成好习惯的一部分，生活有规律，学习效率也会更高。

生活一定要养成规律，要有节奏感，形成一种规律性的生物钟，到几点时候起床，到几点的时候睡觉，什么时间吃饭等，当生活形成一种很强的规律的时候，大脑的负担也就相应地减轻了许多。

(2) 保证睡眠、提高睡眠质量要做到四要和四不要

①四要

10点睡觉；同一时间睡觉；热水洗脚；躺下关灯。

②四不要

不要睡前喝浓茶和咖啡；不要睡前做剧烈运动；不要睡前看刺激性的电视小说和信件；在睡前半小时不要进行紧张的学习和思考。

一个睡眠不足的人，会很容易表现出烦躁、精神萎靡、注意力不集中、记忆力减退等症状；一个睡眠充足的人，就会精力充沛、思维敏捷、办事效率高。这是由

于大脑的工作需要充足的氧气供给。长期的睡眠不足，脑供氧就会缺乏，脑细胞就会受伤，脑功能就会下降。我们在感到困的时候常常会不停地打哈欠，其实这也是一种脑部缺氧的表现。在睡眠状态中，大脑耗氧量大大减少，有利于脑细胞能量贮存。因此，睡眠有利于保护大脑，提高脑力。

(3) 合理安排好锻炼时间

好多同学和家长只注重学习，却忽视锻炼的重要性，人生最大的投资之一就是身体投资。没有健康的体质，不要说学习，就是工作和生活也不会像常人那么快乐。同时拥有一个健康的体质，除了能保证拥有旺盛精力学习外，还可以保证我们身心愉悦，旺盛的精力和愉悦的心情都是提高学习效率的重要因素。

①坚持锻炼身体

对于一个学生来说，健康是第一位的，所以养成每天锻炼的习惯，对于身体发育和素质提升都有不可估量的好处，只有身体好，才会学习好。

第一，体育锻炼可以培养体育爱好，练就一身强壮的体格。

第二，体育锻炼可以开发智力，使学习成绩提高。有的孩子花在学习上的时间比其他孩子少，但成绩依旧名列前茅，究其原因，就是经常锻炼，是自己精力充沛，上课效率高，作业完成得也好。

第三，通过体育锻炼，可以培养和塑造良好的心理品格。因为经常参加体育锻炼，本身就是不断克服困难，遵守竞赛规则，制约和调控自己某些不好的行为。

第四，体育锻炼可以增加快乐，调节情绪。如果经常参加体育锻炼，大脑就会分泌一种叫做内姚肽的物质，科学家称之为快乐素，它能使人产生愉悦感，从而会避免在抑郁状态下不良情绪的干扰。

第五，体育锻炼可以增加肺活量，改善呼吸功能，增加血液含氧量，给大脑充分的供养。

第六，体育锻炼可以增加心肌功能，增加大脑的供血量，改善脑血管的弹性，从而改善大脑的血液循环。

第七，体育锻炼可以使大脑皮层的兴奋点转移，是脑力劳动的一种积极休息。

②重视课间休息

上课越是积极紧张下课越要休息，去呼吸一下新鲜空气，调节一下心情。通过一节课的积极用脑，身体各部位就会感觉疲劳，疲劳的身体就会抑制大脑，此时如果再不去室外活动一下，就会影响到下一节课的学习效果。

(4) 规划好学习时间

做好每一天的时间计划。抱怨型的学生不善于挤时间，他们经常抱怨："每天上课、回家、吃饭、做作业、睡觉，哪还有多余的时间供自己安排？"这些不会科学利用时间的同学，使自己的时间被动地让作业和老师牵着鼻子走。自己从起床到睡觉的一系列时间段都要有自己的计划和安排，一定要在效率上争取时间，养成早睡早起的好作息习惯。

例如，6点起床，5分钟穿衣服，20分钟锻炼，5分钟洗漱，15分钟学习，15分钟吃饭，7点上学，包括课间时间、午休时间、自习时间，每个时间根据自己的具体情况，都要有时间计划表，一直到晚上上床睡觉，需要有3~5分钟的写日记时间，把当天的所得、所感、所思、所失，乃至所见、所闻，凡是自己认为有意义的，都应该做个生活的记录。

2.假期时间安排计划

假期是一个人长期在压力环境里需要释放和休整、养精蓄锐的时间。如何正确把休假和学习有机地结合起来，笔者以为应该以度假休闲为主，做好精力和体能的休整，同时多参加一些社会活动，培养爱好兴趣，给自己充电和提升，读万卷书也要行万里路。但不论是学习还是工作，人都不是生活在真空，所以对自己的学习和工作一定会有很大的牵挂，在安排好活动的基础上，早晚也必须用1~2个小时来学习才是必需和必要的，每天活动应该写出心得体会。我们家长在一段紧张

的工作之余会安排旅游休闲，我们的孩子也是一样的，可是很多家庭在假期都没有这样的计划，倒是经常有补课和学习计划。

会玩，会偷懒，然后会学。培养爱好，放松自己，提高效率。

(1) 玩

主要指在学习之余要有一定的兴趣爱好，另外还要通过玩来放松身心，使下一次的学习更有效果，提高学习效率。兴趣爱好可以使人有机会调整自己的身心，想办法通过变换自己的注意力，来调整自己的兴奋点。有了爱好，也有助于培养学习上的兴趣。爱好绝不是占用学习时间没用的东西，它有利于提高对学习的兴趣，有利于提高学习及其他一些事情工作的效率。这种爱好必须是自己真正喜欢的，而不是别人逼迫的。做消耗体力的运动也能够缓解脑力上的疲劳。

(2) 偷懒

这里其实指的是方法，实际上是指寻找更好的方法。当你遇到一道十分复杂的题目时，不要急于往下做，不要用麻烦的方法解决。花点时间想想有没有更好的方法。这样不仅节省了你解这道题的时间，也提高了你解决问题的能力，非常有作用。女生学理科学不好很大原因就是不懂得偷懒，硬学不会有最好的成绩。如果多出去旅游不但能丰富一下自己的经验，还可以培养自己内在修养和外在气质，增加自己的阅历。人经常做到以上两点，可以变得有灵气。这就是有些人为什么不那么努力就能取得很好成绩的道理了。

3. 周六、周日时间安排计划

短时间的休整往往被学校补课和课后班所取代。高效的学习，一定要时刻保持自己不断地充满激情。激情的产生离不开和谐的情趣环境、合理的体能锻炼、充满爱的亲情交流、一定生活技能的掌握。

但这些往往被家长和自己所忽视，生活在有情趣的环境中才会有激情，有激情才会有旺盛的精力投入学习和工作。早晚适当安排一些必要的学习时间，但不要全天候闭门造车。参加一些学习和培训，可以使自己增加对知识面的拓展，对于一些薄弱学科也会有一定的弥补，但要掌握一定的度。

有个孩子小学四年级，参加7科不同的训练班（舞蹈、跆拳道、绘画、外语、书法、奥数、作文），想想，这样是休息日吗？孩子说了，从这个班到那个班走路都没时间，巨大的压力，不把孩子的学习兴趣拖垮才怪呢？结果现在孩子上初中，几乎对学习不感兴趣，不是我们的孩子出问题了，是我们的教育出问题了。我们的家长望子成龙心切，自己不会教育孩子，而还往往自以为是：

(1) 我为孩子付出太多了，孩子为什么不理解我？

(2) 我付出这么多，为什么孩子不优秀，得不到回报啊？

(3) 简直我要被拖垮了。

(4) 我不是不会教育孩子，我很懂，但孩子真的没时间或者孩子不听我的话。

最终原因还是自己不懂如何教育孩子，做的是家长包办式教育。

4. 三餐时间安排计划

对于一个学习者，随时都可以抓住大布头的时间，却往往容易忽视可利用的零碎时间。每日的三餐，每餐可节约出10—20分钟，每天是1个小时，一个月就是30个小时，相当于四个工作日的时间，而且是及时复习当天的学习内容，其效率远远超出四个工作日的32小时，可以说这短短的32小时利用得合理有效，不亚于一周的有效学习时间。

5. 有效时间利用计划

(1) 课前课后的1-2分钟

利用这1-2分钟的有效时间，做适当的回忆或查缺补漏。适当利用这1-2分钟的有效时间，看似无关紧要，但实际效果是平时半个小时都起不到的作用。课前的1-2分钟时间能及时回忆旧知识，查缺补漏，课后的1-2分钟还能起到及时巩

固新知识的作用，增加记忆效果。日积月累，利用好课前课后的这1—2分钟时间，起到的效果是非同寻常的，因为我们没办法延长每一天的时间长度，就必须利用好每时每刻的时间宽度。

(2) 三餐的有效时间

有些同学干事磨蹭，本来20分钟就能吃完一顿饭，非磨蹭半个小时不可，这一习惯反映到学习上，就是做事注意力不够集中。不积跬步，无以至千里。

(3) 上床休息后的10分钟

很少有人上床就酣然入睡，吾日三省吾身，这个时间不但可以对一天的学习做些小结，同时对整个一天的收获、感悟也可以清理出个明细的思路，有利于明天的学习和生活。

(4) 珍惜课堂时间是学习的保证和关键

课堂学习效益的高低，某种程度上决定着学生学习成绩的好坏。也许有的学生会想，每个人都有一双耳朵，听课谁不会呀。其实不然，听课也有不少学问。学会听课，对学习进步至关重要。

①要集中注意力听。集中注意力、专心致志才能学有所得，心不在焉、心猿意马往往一无所获，一会儿想着这件事，一会儿想着下课后做什么去，肯定会影响上课的效率。

②要带着问题、开动脑筋听，否则就会变成"厅长"。有些同学听课不善于开动脑子，不去积极思维，看似目不转睛，但一堂课下来心中却不留痕迹。带着问题听课，能促使自己积极动脑，紧跟老师的教学节奏，及时理解和消化所学内容。

③要积极举手发言。教与学应是双向交流，是双边活动，是互相促进的。积极举手发言就是一种参与，它既能较好地促使自己专心听课、动脑思维，还能锻炼语言表达能力。

④要认真做好笔记。俗语说"不动笔墨不读书"，"好记性不如烂笔头"。这些都

是说边学习边动笔的好处。笔记不仅是学习新知识的方法，也是复习旧知识的依据，同时我们还可以从笔记中发现新的问题。对一些不重要的、不喜欢的课，记笔记尤为重要，否则就会溜号，乃至睡去。

　　总之，真正所谓的"上课"，就是把自己事先做过或思考过但又不怎么理解的问题，放在课堂教学的有限时间里去求得解答和线索，然后再去思考更深一层的问题，这样意味着要做好预习。

方法八　戒除浮躁，培养学生的自控能力

浮躁是所有成功的大敌。浮躁心理是当前一些学生的通病，表现为行动盲目，缺乏思考和计划，做事心神不定，缺乏恒心和毅力，急于求成，不能脚踏实地。孩子学习有浮躁心理，老师和家长要分析是什么原因造成的，是不是孩子周围有太多的诱惑，比如，电脑、电视、吃东西、玩的东西太多，是不是孩子的作业有不懂的问题没办法解决而变得浮躁，是不是家长对孩子的要求过高让孩子的压力很大不能安心学习，是不是家长忽略了与孩子的情感沟通孩子有压力无处释放，等等。只有找到原因，再来针对自己孩子的具体特点寻找适合的解决方案。

一、戒除浮躁的途径

1.和孩子一起做事的时候，自己不能敷衍了事

行动是最好的老师，当我们敷衍做事的时候，不经意间我们的孩子也会学习我们应付了事的习惯。父母要适时调试自己的心理，改掉浮躁的毛病，为孩子树立勤奋努力、脚踏实地工作和学习的良好形象，用自己的言行去影响孩子，同时要及时用周围一些优良品质督促孩子改掉浮躁的毛病。

2.当孩子做一些事情的时候，自己不要介入其中，而是多给一些参考意见

我们家长介入其中，一是会使孩子产生一种依赖感；二是影响孩子自己的动手能力；再次也会影响孩子思路的正常发挥。家长可以采取一些措施，有针对性地

磨炼孩子的浮躁心理。比如，指导孩子练习书法，学习绘画、弹琴、下棋等，这些活动都有助于培养孩子的耐心和毅力，此外，还要指导学会调控自己烦躁的情绪，做事时，可以用语言进行自我暗示，"不要着急，急会把事情办坏"，"不要看这山望那山高，这样会一事无成"，"坚持就是胜利"等。只要孩子坚持不断地克服自己的不足，浮躁毛病就会慢慢改掉。

3. 多给孩子一些时间，让他们把事做好做完整

俗话说，心急吃不了热豆腐，凡事都需要完整的过程，当我们急于催促孩子做一个事情的时候，孩子会因为焦虑而做事不完整或考虑得欠周全，从而会养成急躁的性格。

要求孩子做事要先考虑，后行动。比如，出门旅行，要先决定目的地和出行路线；上台演讲，要先准备好演讲稿。父母要多引导孩子在做事之前，经常问自己几个为什么，希望的结果如何，怎么做才能最好，并要具体回答，写在纸上，目标明确，行动才会具体化。同时要求孩子做事要有始有终，踏踏实实做好每一件事，一次做不成的事就一点一点地分开完成，积少成多，最后达到目的。

4. 及时排解孩子烦恼

随着孩子的逐渐长大，一些成长和学习的烦恼会使孩子受到困惑，同学交往中的障碍、老师和家长对自己的误解、青春期的萌动、功课难度加大等，都会形成对孩子学习的负面影响。对此家长要善于察言观色，及时沟通，为孩子排忧解难，让孩子一直处于轻松的环境中成长和学习。

5. 教育孩子立长志，而不是常立志

这点对于防止孩子浮躁心理的滋生和蔓延是十分有利的，父母在帮助孩子立志时，要注意两点：一是立志要扬长避短。有些孩子立志时不考虑自身条件是否可行，而是凭心血来潮，这种立志多数要受到挫折。要告诫孩子根据自己的特点确立目标，才会有成功的希望，千万不要赶时髦。二是立志要专一。俗话说"无志者常

方法八　戒除浮躁，培养学生的自控能力

立志,有志者立长志"。父母可以通过前人立志成才的故事告诉孩子"立志不在于多,而在于恒"的道理。培养孩子目标专一的优良品质。

6.让孩子保持乐观向上的心态

情绪上的波动和不安很容易影响孩子的学习成绩。在孩子成长的关键时期,父母应多培养孩子乐观的心态,凡事要客观理智地去看待,指导孩子调节改变心态,遇到困难不退缩,获得成绩不自满,有一颗平常心,从而在学习过程中能客观地分析学习遇到的问题和挫折,增强解决问题的能力。

7.要为孩子营造一个安静的学习环境

外面的世界实在太精彩了,缤纷多彩的电视节目会让孩子喜欢,电脑的新奇世界更是让孩子眼花缭乱,好奇心是阻挡不住这些诱惑的,所以父母应该让这些精彩的事物和孩子的学习断隔开,为孩子营造一个少一点诱惑、少一点干扰的学习世界。

浮躁的人经常心不在焉、心浮气躁、朝三暮四、浅尝辄止,常常表现出坐卧不宁、失魂落魄的样子,经常焦躁不安、患得患失,没有耐心认真做完一件事,就急于放下手中的事去做另外的新事,往往望这山看那山高,贪得无厌,静不下心来,最后一事无成,还常常感到身心疲惫。浮躁的人不但学习不会好,做任何事都做不好,很多大事因小事而发生,而小事之所以不断出现,根源就在于浮躁。

自制力不强的人,注意力经常转移,是浮躁产生的原因。

黄英是一名初三的孩子,正面临中考,学习很紧张,但每天做功课时,黄英都管不住自己。刚开始的几道题她还是能认认真真地做,但没过半小时,她就坐不住了,一会儿起身去喝水,一会儿吃点东西,一会儿去趟厕所,反正总有理由不写作业。黄英不光在作业这件事上没有自制力,其他方面也这样,跳舞可以说是她最喜欢的事,但当老师教完一段后,她练习起来从不超过三遍,对动作的要求也是马马虎虎。由于这个原因,黄英总挨老师批评,自己也感觉很苦闷,知道自己面临中考，这种状态根本不可能取得好成绩，但想管住自己却做不到，好像总有一种无形的力量在支配自己离开应该做的事。那么黄英自制力差的不良习惯是怎样养成的呢？

原来黄英是家中的独生子女，父母把全部希望都寄托在她身上，从很小开始，父母就对黄英进行了早教。先是弹琴，后是画画，然后是学英语、背诗词、学算术。看到女儿这样辛苦，妈妈很心疼，在黄英学习的时候，经常送来零食什么的，小孩子经不起诱惑，于是时间一长，形成了习惯，没零食就不能把事做下去。并且做事的时间不能长，总是坐不住，注意力不集中。所以学习成绩总是不理想，每当考试成绩出来时，黄英看到自己那可怜的成绩就伤心，有时甚至会大哭一场，暗下决心一定要认真学习，但几天之后，又把自己的痛苦抛到脑后，还是控制不住自己。

二、培养孩子的自控能力

现在独生子女缺乏自制力是一种普遍现象。家长总以为自制力可以由孩子的主观意识来控制，孩子之所以在关键时刻没管住自己，完全是他们"不愿意管"和"不使劲管"造成的。其实这种观点冤枉了好多孩子。因为孩子缺乏自制力是多方面的，这就要求家长要掌握孩子的心理，帮助孩子克服困难，排除干扰，分析其需求，把人生观引导到正确的轨道上来，把精力投入到学习中去。

1. 把长远的目标具体化，增强目标的激励性

自制力不强的孩子一般都会出现学习问题，而学习对一个人的未来又是不可缺少的。可是电视、网络、吃零食之类的事对孩子来讲具有一种无法抗拒的诱惑力，加之父母事后才发现孩子自制力差的问题来加以管教，此时的孩子多数已经形成习惯，所以父母就要想办法，把一些长远的目标具体化，增强刺激性和激励性。

张廷一直是很听话的孩子，但是自从迷恋上了网络游戏就完全变了个人。放学后连家都不回，作业也不做，就一头扎进网吧。好几次爸爸下班了，就一家一家网吧去找他。

方法八　戒除浮躁，培养学生的自控能力

张廷的父母没少费心思，劝导、打骂、训责、看管各种手段都用过，但就是没多大效果，虽然张廷自己也意识到这样做不对，但就是克制不住网吧游戏对自己的诱惑，常常玩起来就忘记了一切，乐不思蜀。

后来张廷父母分析，孩子迷恋网络游戏，开始可能是网络游戏画面变化莫测、奥妙无穷，能满足孩子求新求异的心理，渐渐玩上了瘾，才欲罢不能的。那么对高科技产品产生兴趣也并非坏事，关键是如何引导孩子，让孩子的这种兴趣产生正确的价值。

于是，张廷父母改变了策略。爸爸给张廷买回一本《科技画报》，里面有微软公司创始人比尔·盖茨发明电脑软件的故事，张廷看得津津有味，他特别崇拜这位电脑大王。爸爸告诉他说："美国有一种说法，计算机时代只有两种人，一种是发明计算机的聪明人，一种是使用计算机的傻瓜。你想做哪种人？"张廷说："当然要做聪明人。"爸爸进一步开导："即使你精通了网络游戏里的'十八般武艺'，也不过是被游戏牵着走的'傻瓜'，而你要做个设计计算机程序的聪明人，就要打好科学文化知识的基础，为将来研制高新科技做准备。"为了使孩子追求科学，而不仅仅是游戏，父母带张廷到少年宫报名参加了电脑兴趣班。在电脑兴趣班里，张廷学到了很多知识，也明白了学电脑要有良好的数学和外语基础。

从那以后，张廷找到了奋斗的目标，远离了网络游戏，学习自觉了，学习兴趣也浓了，随之成绩也大幅度提高了。

2. 减少对孩子的干扰因素

当孩子安心做一件事时，父母不应该打断他，让他做完整再去做另一件事。但完成一小部分内容时可以让孩子休息一下，吃吃东西，听听歌曲，做做操，以此来作为孩子完成一项阶段任务的奖赏，而不至于孩子的学习太乏味。

3. 努力成为孩子的伙伴

中国教育的结症集中体现在大包大揽和高期望值上，而这两点又都可以归结为父母对孩子的过度关爱和宠爱。父母要给孩子留出足够的自我空间，要以平等的方式多与孩子交流，多给孩子一些微笑，多给孩子一些积极暗示，逐渐培养孩子的独立人格。父母要经常鼓励孩子，经常和孩子倾心交谈，要孩子知道你一直在关心他、爱护他，从而使孩子产生积极做事的心态。如果父母对孩子努力做的事不闻不问，这样就会使孩子感觉失望，甚至放弃该做的事。

4.帮助孩子克服虎头蛇尾的习惯

清华附中一个初三学生，人很聪明，是清华重点班的，名叫荣丽。他数学成绩好的时候能达到110分，很多时候也就100分左右，给她的诊断是学习不够仔细。她是个很聪明的孩子，但不肯下功夫进行能力训练，她的父母和每天陪她来的姥姥总要求给她讲难题，讲难题的解题思路，一节课要讲几十个难题，明白思路就过去了。我们曾经提醒他们，如果真想提高成绩，扎扎实实地把一般的题一次性做到满分才是关键，走马灯似的了解一个个难题的解题思路无济于事，但他们的家长坚决不听劝告，固执地坚持这种方法，结果中考时荣丽的数学成绩很不理想。

一些孩子做事如荣丽这样虎头蛇尾，很难把一件事做完整，不求甚解，就很难有好的成绩。

比如看到别的同学取得了好成绩时，便热血沸腾，今天定计划，明天表决心，发誓把学习搞上去。但往往没过几天，这一切又烟消云散了。家长要注意让孩子从小事做起，这样不仅使孩子一步一步迈向目标，而且培养了孩子顽强的毅力。比如，每天按时起床，坚持写日记，如果孩子能在任何情况下都不马虎、坚持不懈，不以身体不舒服、时间太紧等借口为自己开脱，孩子就逐步养成顽强的毅力了，同时虎头蛇尾的毛病就改掉了。

(1) 引导孩子将注意力集中在任何活动中最重要的事情上去

经常有意识地给孩子创设情境，让孩子安静学习一段时间，再做自己喜欢做的事情。比如，孩子每天放学回家，利用还未吃饭前的时间，针对孩子爱看动画片

的表现，让孩子先学10分钟的课本知识，读书、写作业、复习、预习等，完成了就可以看电视或做自己喜欢的活动，过一段时间，再逐步把时间延长到15分钟、20分钟，然后让孩子做自己喜欢的事，这样良好的习惯就慢慢养成了。

(2) 引导孩子规律地学习和生活

孩子每一天的生活节奏以及各种活动时间长短都会影响他的注意力，也进而影响他的自控力。因此，家长应该注意安排好孩子的生活作息。让孩子的生活有张有弛、动静交替。不同性质活动之间的转化要平和，给孩子一个过渡准备。例如，孩子在户外跑来跑去，心跳加快，全身的每一个细胞都处于一种兴奋状态，进入室内后，还真难立刻进入到绘画或读书的安静状态中，一些家长却要求孩子立刻静下来，集中注意力，这本身就是不合理的，也是违背身体器官的运动规律的。

(3) 通过有效交流，帮助孩子成长

父母友好而尊重地与孩子交流时，不仅能让孩子心悦诚服地听话，还可以帮助他们处理周围事物，帮助孩子解决冲突，让孩子学会自控和合作。交流时，父母要注意孩子的优点，及时鼓励，这样的鼓励会让孩子更加积极，也会让孩子感觉到家长的关注，同时父母也及时纠正他们的缺点和不足，第一时间发现孩子的毛病和第一时间纠正孩子的错误。

方法九　培养学生的认真能力

一、认真能力是学习好的前提

孩子学习不认真，体现在考试上就是不应该丢分的总是大意，导致成绩总不理想，明明是加号却看成是减号，在草纸上演算对了，抄到考试卷子上却是错误的，读书时要么多读字要么少读字，有时还串行，写字时常写错，卷子或作业总是勾勾抹抹。

上初三的小宇，学习勤奋刻苦，人也很聪明，可总改不了粗心大意的毛病，所以考试成绩一直在班级里处于中游水平，面对到来的中考，小宇压力很大。小宇很要强，曾连续两个多月，每天都学习到很晚，想以此来追赶其他同学，可是他的学习方法不当，尤其是粗心大意的毛病，给提高成绩带来很大的障碍。为此他多次向父母和老师提出要退学。父母和老师多次找他谈心，都没有取得好效果。对成绩灰心意冷的小宇甚至向当医生的母亲询问自杀的方法，吓得母亲不得不请假在家，一连一个多月在家陪护他，寸步不离。在这种情况下，妈妈带他专门到一家教育辅导机构求救，辅导机构的老师对小宇进行了专门的辅导，才慢慢地使小宇好起来。

粗心大意的孩子做错作业、考试丢分、与不理解题、不会做题造成的错误是不一样的。马虎粗心，在绝大多数孩子身上或多或少都会有不同的体现，即使是成年人也会犯粗心大意的毛病，粗心大意的毛病一旦经常犯，养成了习惯，不仅会

严重影响孩子的学习水平正常发挥，还将会对孩子将来的就业和生活产生不良影响。

二、认真不是态度，是能力

说认真是一种能力，是针对认真是态度而言的说法，认真是种能力，能力需要平时的培养，而不是做出来就可以改变的。

不论成人还是学生，都认识不到粗心的危害，很多时候由于粗心导致了错误，就笑一下："又粗心了。"这样就轻描淡写地放过自己，于是下一次依然粗心，当然还原谅自己，"粗心吗，又不是真的不会，下一次认真就可以了"。再下一次依旧粗心，永无更改之日。家长或老师一般会说："粗心了吧，下次认真点。"解释就是：你粗心才做错的，不用伤心，不要在意，你很聪明，继续错下去吧。

有一个人要去面试，听说主考对面试材料要求特别严，不允许出现错别字。所以材料准备得特别细，但还是被主考发现了两处错别字，他惊讶地对主考说，我已经修改了六次都没有发现这些错误。主考告诉他，检查六遍是说明你有认真态度，一次检查出错误说明有认真能力。

根据快速学习方法的理念，做错题的原因之中根本没有"粗心"这个概念，只有不懂，如果做错了，就要虚心承认自己不懂，然后才有可能认真地补习基础知识，让自己彻底改掉所谓的"粗心"毛病，从而锻炼出自己的认真能力，认真能力需要长期培养，绝对不是一朝一夕就可以认真起来的。

认真是做人最优秀的一种品质，有了认真能力，就能学习好，工作好，做任何事情都能把自己的潜能发挥到淋漓尽致。

拿破仑·希尔是著名的激励成功大师，他创建的成功哲学和十七项成功原则鼓舞了千百万人，因此他被称为"百万富翁的创造者"。他讲过这样一个故事：

爱若和布若差不多同时受雇于一家超级市场，开始时大家都一样，从最底层干起。不久，爱若便受到总经理的青睐，一再被提升，从领班直到部门经理。布若却像被人遗忘了一般，还在最底层混。终于有一天布若忍无可忍，向总经理提出辞职，并痛诉总经理狗眼看人低，辛勤工作的人不提拔，倒提拔那些吹牛拍马的人。

总经理耐心听着，他了解这个小伙计，工作肯吃苦，但似乎缺少点什么，缺什么呢？三言两语还真说不清，说清楚了他也不会服气，总经理忽然有了主意。

"布若先生，"总经理说，"你马上到集市上去，看看今天有什么卖的。"

布若很快从集市上回来说，刚才集市上只有一个农民拉了车土豆卖。

"一车大约有多少袋，多少斤？"总经理问。

布若又跑去，回来说有十袋。

"价格多少？"

布若再次跑到集市上。

总经理望着跑得气喘吁吁的布若说："请你休息一下吧，你可以看看爱若是怎么做的。"说完叫来爱若对他说："爱若先生，你赶快到集市上去，看看今天有什么卖的。"

爱若很快从集市上回来，汇报说，到现在为止只有一个农民在卖土豆，有十袋，价格适中，质量很好，他带回几个让经理看。这个农民过一会儿还将弄几筐西红柿上市，据他看价格公道，可以进一些货。这种价格的西红柿总经理可能会要，所以他不仅带回几个西红柿样品，而且把那个农民也带来了，他现在正在外面等回话呢。

总经理看来一眼红了脸的布若，说："请他进来。"

爱若由于比布若多想了几步，所以工作上取得了一定的成绩。

一个人的工作更认真一点，更细心一些，长时间积累，就会脱颖而出了。认真能力用到学习上，不也一样会取得不凡的学习成绩吗？

认真能力对于学生来说就是一次性把题目"做对"、"得满分"的能力。

古今中外，凡是大学问家在做学问方面都极其认真。

1785年，凯文迪西在空气中通入过量的氧气后，用放电法使氮气变为氮的氧化物——二氧化氮，然后用碱吸收，剩余的气体用红热的铜除去，即使全部的氮和氧除尽，仍然有少量的残余气体存在。英国物理学家雷莱在1892年发现从氮的化合物制得氮气每升重1.2505克，而从空气分离出来的氮气在相同条件下每升的质量为1.2572克，虽然两者之差只有几毫克，但以超出了实验的误差范围。他怀疑大气中的氮气中含有尚未发现的较重气体。雷莱使用凯文迪西的放电法经过多方面实验，才断定该气体为一种新元素。因为它极不活泼，故命名为氩，是不活泼的意思。

在此之前，1868年天文学家间孙研究光谱的实验时，断定太阳上有一种在地球上尚未被发现的新元素，并命名为氦，氦的原文意思就是太阳。1888—1890年间，美国化学家赫列布莱得用硫酸处理一种铀矿时，获得一种不活泼的气体，在1895年用光谱实验证明了这种气体正好与太阳上的氦光谱相同。雷姆文运用以发现的元素性质的变化规律，预料在它们之间还有一种尚未被发现的元素，他在几天之内从大量液态空气蒸发后的残余物中，首次发现比氩重的氪，然后分离出氖，最后在分馏液体氩时又发现了氙。氦、氖、氩、氪、氙、氡由于在自然界中含量稀少，故又称它们为稀有气体。

从上面的事例中可以看出，认真实在是做学问不可缺少的能力，它不是一个人单单靠态度就可以得到的。

三、认真能力的培养

1.培养仔细的观察能力

中国古代典籍中记载"螟蛉义子"的说法，说的是有一种叫蜾蠃的细腰蜂，传说中只有雄性的，没有雌性的。每当需要传宗接代的时候，蜾蠃就会飞到菜地里，偷偷地把一种叫螟蛉的幼虫衔回到自己的窝里，对它念念有词地祈祷"像我，像我"，不多久，螟蛉果然就长得和螺蠃一模一样，成为螺蠃的儿子了。古人都把收养义子的行为称为养螟蛉之子。

南宋齐梁时著名医药学家、炼丹家陶弘景，在探索自然方面颇有科学研究的精神，他不相信螺蠃有雄无雌的说法，也不相信螟蛉幼虫可以因"像我"的祈祷而变成螺蠃。

他亲自找到一窝螺蠃，用竹签细心地把窝挑开，发现窝里不但有螺蠃衔来的螟蛉，还有一条一条的小肉虫，仔细观察之下，他发现螺蠃并非有雄无雌，而是有雌有雄，并且成双成对、同出同入。这些小幼虫才是螺蠃真正的后代，螟蛉幼虫只不过是这些小幼虫的食物。当窝里的螟蛉被吃完后，小幼虫变成了蛹，后来便化作小螺蠃飞了出来。

螟蛉并不是螺蠃的义子，从陶弘景之后才成了人们的共识。可见仔细观察能力是搞科学研究不可或缺的能力之一。

2.培养做好细节的能力

有人小看细节的力量，怀疑重视细节的价值，然而事实证明，无论怎么样重视细节都不是过分的，因为细节会影响事物的大局，细节决定成败。

欧阳修说："祸患常积于忽微，智勇多困于所溺。"很多大事就是因为细节没有做好，导致惨痛的失败。

1986年1月28日，美国"挑战者"号航天飞机在第十次飞行时，升空73秒出现一件"小事"，右侧助推火箭密封装置出现问题，造成燃料外泄，航天飞机爆炸，7名航天员遇难。

美国太空3号快到月球了，它却不能登上去而无奈地返回来，为什么？只是因为一节30块钱的小电池坏了，因此这个酝酿很久的航天计划被破坏了，几亿美元报废了。

2003年2月1日，美国哥伦比亚号航天飞机爆炸，直接经济损失12亿美元，机

上7名宇航员遇难，也是因为忽略了一件小事。

细节做好了，很多时候会改变大局的发展方向。

老子说："合抱之木，生于毫末；九层之台，起于垒土；千里之行，始于足下。"

一个看似微不足道的变化，经过积累，就可以引起巨大的风暴。

蝴蝶效应是气象学家洛伦兹1963年提出来的，其大意是：一只南美洲亚马逊河流域热带雨林中的蝴蝶，偶尔扇动几下翅膀，可能在两周后引起美国得克萨斯州的一场龙卷风。其原因在于：蝴蝶翅膀的运动，导致其身边空气系统的变化，并引起微弱气流的产生，而微弱气流的产生又会引起它四周空气或其他系统产生相应的变化，由此引起连锁反应，最终导致其他系统的极大变化。

一个微小因素如果没处理好，会给我们所做的事情带来非常大的危害。换句话说，事情只有分工不同，并无大小之分。蝴蝶效应说明，差之毫厘，谬以千里。初始条件的极小偏差，将会引起结果的巨大差异。

如果一个人态度散漫，做事不认真，就会在竞争中被淘汰，如果一个人认真对待所做的事，精益求精，注重每一个细节，他就成功了。

一个叫马亮的同学，几乎所有的老师都认为他是最聪明的孩子，大家对他都很上心，都愿意好好教他，但他的成绩却并不理想，原因就在于没有听老师的话。比如老师讲完题后，让同学好好把题做一下，他坚持不练，他认为自己已经学会了，不需要练习，这种心态导致他的成绩不如一些不及他聪明的孩子。

西方流传的一首民谣对此作了形象的说明：

丢失一根钉子，坏了一只蹄铁；

坏了一只蹄铁，折了一匹战马；

折了一匹战马，伤了一位将军；

伤了一位将军，少了一次冲锋；

少了一次冲锋，输了一场战争；

输了一场战争，亡了一个帝国。

马蹄铁上的一根钉子似乎不值一提，如果出现了问题，就会造成巨大损失，最终是灭亡了一个国家的代价。

3. 培养周密计划的能力

成功就是一个人事先树立起有价值的目标，然后循序渐进地变成现实的过程。

各行各业的成功者大都是自律性比较强、能够认真计划工作的人，首先，在他们心中有一个大目标，然后，他们会将这个大目标进行细化分解，分解成年目标、月目标、周目标、日目标、甚至是时目标。他们会坚持切实地付诸实施，努力一步一步达成，最后便会成功。

4. 培养持之以恒的能力

《荀子·劝学》中说："锲而舍之，朽木不折；锲而不舍，金石可镂。"

出身贫寒的松下幸之助，年轻时去一家电器厂谋职，人事主管看他衣着肮脏，身材又瘦小，随口说："我们暂时不缺人，你一个月以后再来看看吧。"这本是个托词，没想到一个月以后松下真的来了，主管又推辞说："有事，过几天再来吧。"隔了几天松下又来了，如此反复多次，主管只好说出自己的态度，你这样脏兮兮的是进不了我们厂的。于是松下就回去借钱买来一套整齐的衣服再来面试，负责人看他如此实在，只好说，关于电器方面的知识，你知道得太少，我们不能要你。不料两个月之后，松下再次出现在主管面前："我已经学习了不少电器方面的知识，您看我哪方面还差，我一项一项来弥补。"这位人事主管紧紧盯着态度诚恳的松下看了半天才说，我干这行十几年了，还是第一次遇到像你这样来找工作的。我真佩服你的耐心和韧性。松下这种不轻言放弃的精神打动了主管，因此得到了这份工作。最后也成为电器行业里的非凡人物。

松下成功的事例告诉我们，失败不仅是一次挫折，也是一次机会，它使你找到自身的欠缺，不要轻言放弃，补上这一课，成功就属于你的了。

方法九　培养学生的认真能力

获得日本保险行业第一名的保险推销员原一平，他的退休告别大会有很多保险界的精英参加，当人们问他做推销员的秘诀时，他微笑表示不必多说。

这时，从会场一边出现四个彪形大汉，他们扛着一座铁马，铁马下垂着一只大铁球。等铁马被抬到讲台上时，人们都糊涂了，他要干什么？

原一平走上台，拿出一个小榔头，朝铁球敲了一下，铁球没有动，也当然不会动；隔了5秒，他又敲了一下，铁球还是没有动。于是他每隔5秒就敲一下，持续不停，铁球还是一动也没有动……

半个小时过去了，台下的人渐渐骚动，一开始大家在窃窃私语，慢慢地有人感觉无聊了，陆续有人离开场地，但原一平还是自顾自地敲着铁球。

一个小时过去了，人越走越多，最后，留下来的只剩零星几个人了。

"动了！"有人喊。

"动了！"在场的人都看到了。

大球开始慢慢动起来，又经过40分钟，大球摇晃的幅度越来越大，这时想让它停下来都困难。

一件事情的成功往往需要经历一个较长时间的积累，但很多人在积累的过程中忍受不住这种没有成功的煎熬，放弃了在这个过程中最需要的——不是一个有多么聪明的"智叟"，而是一个下笨功夫的"愚公"。

四、日常生活中粗心的表现

我们和学生对话，总有这样的一些回答：

考试得了多少分？60来分。

你觉得会做的题目有多少分？差不多80—90分吧。

那为什么只得60来分？粗心呗。

那么上回有没有粗心？也有。

是不是从小就很粗心？嘿嘿，好像是吧。

人大附中的初三女生孙一芮，她本来是班级里出色的孩子，尤其数理化成绩接近满分，但由于人大附中竞争激烈，她的排名只能在200名以后，她想稳稳升入人大附中的高中部，就要到200名以内，甚至要到150名以内才更有把握，她和她的父母商量靠自己努力没把握达到这个目标。

来到辅导中心后，说了这么一句话："要不是犯了一些低级错误，我的成绩还会高。"当时老师问她你有多少分是因为犯低级错误丢的，她说数理化三科有十几分吧。老师继续追问，上次考试有没有犯低级错误，"有。"再上一次呢？"有。"她有些不好意思了，好像一直有，似乎是低级错误伴随她长大的。

老师最后说："只要你认为是低级错误，你就永远改不了，就永远不能重视这个事实，会做的题目就难得满分。""对对对，老师你说怎么才能改掉这个毛病？"老师说："去掉浮躁。"最后她在中考的时候成绩是海淀区83名。

一些小毛病也会影响学习效果。

有一个初二的女同学叫李琦，她的数学和物理成绩都只在50分左右，家长非常着急，我们的老师给她讲第一课的时候就发现了一个看似很小、却又非常严重的问题。那就是她的头发影响她听课，每次写字的时候，一低头，头发就散落在她的眼前，她就习惯性地用手一拂，有时候还很优雅地把头向后一甩。根据上课老师统计，45分钟的一节课她拂头发的次数居然超过了50次，所以我们给她的第一个建议就是把头发扎起来。

经过两个月的补习，她的数学和物理成绩一下子提高到了80分左右。

方法十　如何解决"其实没真懂"的问题

孔子曰:"知之为知之,不知为不知,是知也。"

绝大部分同学忽略了这个问题,他们从不考虑自己是不是真懂了,老师一问"懂了吗",他们就会随波逐流,异口同声地喊"懂了"。

自以为"懂了",会导致学习半途而废。很多同学不承认有这样的问题,他们认为自己上课的确听懂了,至于后来不会做,是因为时间长了或者又忘掉了。

在给同学们做测试的过程中,问"会了吗",超过80%的同学会毫不犹豫地说"会了",但让他们重复的时候,他们根本做不出来。有10%的同学会说"差不多,好像是会了",让他们实验的时候,也往往做不出来,也就是说,"差不多"其实是"差很多"。"好像是会了"其实是"根本不会"。

也就是说,基本上绝大部分同学在不同程度上存在着在没有学会的时候自认为是学会了,而拒绝深入学习的问题,即存在浮躁问题。从不会到会是个漫长的学习过程,经过两三次亲自实践,才会逐渐掌握。如果我们把登上十层台阶作为会的标准的话,只要没登上第十层台阶,在每一层台阶停下来都算失败。

俗话说:"行百里路者半九十。"成功的路上到处都能看到失败者,他们有的距离成功甚至只差一步之遥,但他们停下来了。在没有充分学会的时候,学习停止了,这时候遗憾的因素会很快占到上风,就这样,当时认为学会的知识,其实只差那么一点点还没掌握，结果被浮躁放弃了。

如何解决上课一听就懂，其实没真懂的问题呢？

一、先预习，再上课

预习可以最大限度地调动学生学习的积极性，有效的预习可以帮助学生对知识进行对比、归纳与整理，让学生掌握自学的能力，让学生带着自己发现的问题在课堂上进行讨论，让学生带着问题更加认真地听课，让学生在学习的过程中真正成为学习的主人。

预习可以充分体现学生的自主、合作、探究精神，发挥学生的学习主动性。通过预习，很多学生还建立起自信。很多学生平时学习差，上课听不懂的学生也听懂了，老师提问的问题他们也能说上一两句，学习的信心和学习的热情大大增加，学习成绩也有明显提高，形成了学习的良性循环。

二、有问题不放过

上课的时候就是要想办法解答自己在预习中发现的问题，如果在预习中发现不了问题，就要好好听听老师所问的问题，想想自己为什么看不出这样的问题。

老师讲课的时候，即使是自己会了，也要再问问自己，是这样的吗？为什么会是这样的结果呢？只要有问题没有搞懂，就一定不要放过，对此，我们提出上课时有三个不能放过：

1. 知识点不清不熟绝不放过

每个章节的知识点一定要清清楚楚，哪些是重点，哪些是难点，哪些需要重点掌握，哪些需要一般了解，每个要掌握的知识点不但要会，而且要熟练，做到举一反三。

2. 疑问点不解不透绝不放过

一是问题原因不清不放过；二是相关知识点不熟不透不放过；三是相关题目

不得满分不放过。

3. 重点题不明不会绝不放过

对于学过的章节,哪些题目是重点题目,学生一定要明确。对于重点题目要做到一定学会,意思是会做的题目一定要得满分,并能举一反三。

有问题不放过,如果你做好了这一点,你就会非常优秀。

在高一,有一个学生叫刘金锐,班级是11名,全年级组1000名学生中,他应该是230名左右,经过一个学期的努力,名次居然成为全校第一。他的武器就是"有问题不放过"。每次下课,他都会有问题和你探讨,在我们老师看来,有些问题似乎很幼稚可笑,可是他每每却要和你争论,真理就是越辩越明,知识就是越讨论越深刻。可有些同学从来不问,自己也感觉不到有问题存在,我们经常鼓励学生,学问学问,一半是学来的,一半是问来的。不爱问的学生一是爱面子,不习惯问,二是长期不问,也不善于发现问题。

其实学习方法有很多,秘诀就是一个,把一个方法运用好,你就是胜利者,如果把几个方法联合运用好,你就是不折不扣的王者。

三、提出一个问题比解决一个问题更重要

爱因斯坦曾经说过:"提出一个问题比解决一个问题更重要。"求知欲旺盛表现为敢于探索,敢于提问题。

著名物理学家李政道教授同中国科技大学少年班的同学谈话时,特别强调了这一点。他说:"最重要的是创造力,是要能带头,而不是人家带头你跟在后面走,这里关键是要学得活,面要宽,把学习当成生活的一部分,当成一种乐趣。"

"一定要培养好奇心,要敢于提问题,开头可以是先回答别人的问题,然后就是自己问自己答了。考得好是一个帮助,但那也只是在回答别人的问题,总不能老

回答别人的问题呀。所以好奇心很重要，好奇才能敢问。"

"你们在一些观念上有没有提出过疑问？比如对于牛顿力学，会不会问：我为什么要学它？为什么它不可能是不对的呢？这种年纪还不问这种问题，将来是不会问这种问题的。老师你讲牛顿力学，为什么是对的呢？根据是什么呢？这种年纪还没有这种态度，将来做不了第一流的工作……年纪大的人往往习惯于运算，遇到问题拿起笔就算，而年轻人就不一样，敢于提问。为什么理论物理领域中作出贡献的大都是年轻人呢？就是他们敢于怀疑、敢问。年老的人，运算越熟，他的'程序'可能编得越好，就是做不出一流的工作，因为他根本就没有提问题，更不会去回答这些问题。"

"青出于蓝而胜于蓝。"听课注意力集中是为了向老师学，学问渊博才能有所建树；敢于提问、勇于探索是为了在已有的知识上向前走，有才识才能有所突破。二者结合起来，才可能做到出于蓝而胜于蓝。

提问是孩子在学习活动中的一种难能可贵的品质。不明白的，我问，以求明白，明白了，还要明知故问，因为可以通过对方的精准回答，让自己掌握得更加准确，并实现超越和突破。学问学问，勤学好问，好问别人，更要善于问自己，老师和父母应该鼓励孩子提问。

问题起着导向作用，是问题将孩子的好奇心引导到求知欲望上来的。什么是问题意识？它表现为孩子在学习活动中，经常意识到一些难以解决、感到疑惑的实际问题，并产生怀疑、困惑、焦虑、探究的心理状态。而这种心理状态又驱使孩子积极思维，不断提出问题和解决问题。培养问题意识，有利于发挥孩子的主体作用。

那么如何培养孩子的提问习惯呢？

方法十　如何解决『其实没真懂』的问题

1. 营造氛围，让孩子敢问

父母和孩子的角色平等，要变单向的学习辅导为双向的学习互动。允许孩子出错，父母对孩子的提问，哪怕是看来非常幼稚的问题，也要采用语言的激励、手势的肯定、眼神的默许等手段，给予充分的肯定和赞赏。

2. 拓展渠道，让孩子会问

当孩子没养成提问的习惯或者所学知识较难时，可以和孩子进行讨论，然后让孩子提问题。另外，父母也可以设计好问题，引导孩子模仿提问。问题内容由浅入深，由易到难。经过一段时间训练，孩子初步掌握了发现问题和解决问题的方法后，就可以在学习辅导中留有一定时间，让孩子独立质疑、自我展示。

3. 精心组织，让孩子善问

为了让孩子学会学以致用的能力，父母尤其要引导孩子把所学知识应用于现实生活，让他们在解决现实问题中思考，为孩子的创新思维提供丰富的问题和情境。

著名节目主持人杨澜讲过一个她亲身经历的故事：

教授从兜里掏出一些钞票，高高举起，涨红了脸大声说："谁能提出一个问题，任何问题，我就对他奖励。"

他是美国人，在北京外国语大学任教，他讲的是历史与宗教，他讲完了，问人家有什么问题。谁也不吱声，他请求大家提问，因为不然的话他就无法理解大家听懂了多少。但还是没人举手，教授有点不耐烦了，不，应该说他愤怒了。他认为这是中国学生对他的不尊重。

没有哪一个知识试题不出问题的，难道我讲的每一句话都无懈可击吗？是你们压根就没听懂还是愚不可及？他的另一个拳头敲着桌面。

课堂的气氛紧张了，学生们吓坏了，我们从幼儿园开始就被训练着双手背后，认真听讲，长大后开始做笔记，谁记得全，背得好，考试就能拿高分。中国学生在十几年的严格教育中学会了如何应对老师提问，可我们自己不习惯提问，所以，大家对美国教授的悬赏也会无动于衷。

四、学会的三个标准

学习的目的就是要把知识学会，学会是我们的目标。什么算学会？学会的检测标准是什么呢？试想，如果学习到什么程度没有标准，也就是说，所学知识我们不知道什么时候算学会，就会浪费很多时间不断重复学习已会的知识，而且在学习的时候不能有一个检测标准，不能指导学习过程，使学习科学化，那么我们就会在学习活动中感到迷茫，也会走很多冤枉路。

人们在处理问题的时候，很多时候自以为很明确问题是什么，但事实上并不清楚问题到底是什么，这种情况非常普遍，而且不只是知识不足的人，很多著名的研究人员也会犯这样的错误。

20世纪50年代，全世界都在研究制造晶体管的原料——锗，几乎所有的研究者都在做一个研究过程中必不可少的步骤——如何将锗提炼得更纯。

日本新力公司的江畸博士和助手黑田合子也在不断进行探索，但每次都难免会混进一些物质，而且到一定阶段后，每次测量都显示在一定范围内的无规则的数据。显然他们的研究已经到了一个死胡同。

后来在一次谈论中，他们重新考虑这个研究问题，我们到底要研究什么？经过反复思考，他们认识到他们原先对问题的定位不够准确，他们把问题局限在如何将锗提炼得更纯这一点上，但真正的问题是：让锗在晶体管中起到应有的作用，制造出更好的晶体管。

问题一旦明确，工作就容易进行了。他们去掉原来的前提而另辟蹊径，既然提纯很难，那么可不可以添加一些杂质来达到目的呢？于是他们有意地一点一点添加杂质，研究晶体管随着杂质的增加性能发生的变化，终于他们发现：在将锗的纯度降低到原来的一半时，晶体管的性能最理想。

这一发现轰动了世界，江崎博士和黑田合子分别获得诺贝尔奖和民间诺贝尔奖。

这一事例说明，人们在遇到问题的时候，往往不自觉地想赶紧往前走，赶紧找出答案，反而忽略了问题本身。我们应该从界定问题开始，首先搞清楚问题到底是什么。

那么学会的标准到底是什么？

1. 得满分

人们在制定目标的时候往往不敢太明确，因为他想给自己留有余地，希望完不成目标的时候可以找借口，不让自己太难受，因此，很多人习惯把目标定得很模糊，而且标准也尽量低一点。

这里我们就提出来，学会的标准就是得满分，如果一个题目是10分，那么只有得10分才算学会，否则，得9分、得8分都叫做不会，怎么办？继续学习，重新做，只要不得满分就要重新做。

把一个题目做到得满分并不是一件容易的事情，包含三层含义：

一是前因后果、因果关系绝对不能错。

题目中前后两步骤之间有的是因果关系，有的不是，凡有因果关系的，要考虑第一步是不是一定可以推出第二步？什么时候可以推出来？什么时候推不出来？因果关系的前因后果、次序是否有错？题目的整体思路为什么是这样的？第一步为什么要这么做？这一步还可以推出什么结果？有什么条件才可能推出下一步？这一步用了什么概念、公式、定理？每一个概念我是不是全掌握了？对这个公式是否掌握熟练？所用定理的前提是什么条件？题目做完了，有没有感觉到有比较容易出错的地方？什么样的答案简练？……把上面的问题都想明白了，这题目从道理上来讲就基本掌握好了。

二是采分点一个都不能少。

每道大题都会有几个关键步骤，这些步骤承担着采分点，只要某一关键步骤出现错误，就一定会被扣分，不论其他部分做得如何正确。

当我们把题目理解透了的时候，看到一个题目，就需要明白以下问题：这个题目在考什么？什么地方是真正的考点，答题的时候需要注意什么问题？什么地方应该作为答题的重点？

三是只要会做的题目，一个字都不能错。

快速学习法提示我们，只要没有完全正确，哪怕错一个字都要全部从重做。让学生形成一种认识：只要我会做，就不可以做错，因为做错了会重做，这是一件很讨厌的事情，与其匆匆忙忙地做错了，还不如稍稍慢一点，将会做的全部做对。学生有了这种心理，他们就会安安稳稳地坐下来，把题目仔仔细细地做完，并在上交前认认真真地检查好，争取不出任何错误。

从不会到一次性得满分，一般需要重复3-5次，有的同学甚至需要十几次才能真正把一个题目做到满分。

2. 熟练化

一个人的成功可能出于偶然，但一百个人的成功中一定存在着必然因素。学者集中研究了一百多名清华大学各省的高考状元，经过统计分析，在摒弃了这些

学生天生的智力因素以外，总结影响这些学生的可复制的非智力因素。在这些非智力因素中，我们发现大多数学习尖子都有一个共同的特点，他们学得最好的那门课考试时都有一种非常接近的感觉——对试卷的题目很熟悉，有一部分甚至不需要计算就可以保证写出准确答案，只有一两道题目没有把握，但基本可以有信心做对。有这种感觉的学生成绩往往会达到147分左右，他们之所以没有得满分，常常不是因为题目做错了，而是因为有的答案和标准答案不一样而被扣了几分。

如果一道题需要10分钟做出来，在学生会做这道题目以后，必须能够达到8分钟以内做出来并得满分，否则就不能说会。

3.举一反三

孔子《论语·述而》："举一隅，不以三隅反，则不复也。"当一个题目已经熟练地做到得满分的时候，就需要进一步问自己：这个题目有几种解题思路？哪种思路最快，而且最容易让人接受？这个题目的前提可以有几种变化？还可以有几种问法，解决方案是什么？什么地方最容易出错？出题人考的是哪点？

五、考不出成绩的原因

考不出成绩是指学习者在自以为学会的情况下，遇到自以为会做的题目，要么做不出来，要么做出来不得满分，表现为：

(1) 自以为会，其实没真会。

(2) 是真的会，但考试时太浮躁，得不了分或不能得满分。

题目拿过来就做，没分析清楚题中的各种条件。做完题就上交，没检查好，学生做完题目后，耐心已经达到了极点，最想做的就是交上去万事大吉。

分析一下我们自己的各种考试卷子，我们不难发现，我们的卷子有多少是自己可以得分却没有拿到分的题目，原因是什么？是不是我们平时没能严格要求自

方法十一　心态与学习

很多的科学研究都证明，人的潜力是很大的，但大多数人并没有有效地开发这种潜力，这其中，人的自信力是很重要的一个方面。无论何时何地，你做任何事情，有了这种自信力，你就有了一种必胜的信念，而且能使你很快就摆脱失败的阴影。相反，一个人如果失掉了自信，那他就会一事无成，而且很容易陷入永远的自卑之中。

法国教育家卢梭曾经说过："自信心对于事业简直就是一种奇迹，有了它，你的才干便可以取之不尽，用之不竭；一个没有自信的人，无论它有多大的才能也不会抓住一个机会。"

自信心是孩子学习的基石。在学习活动中，孩子一旦建立起自信，就会发挥无限的潜能，产生无限的动力和毅力，并能够以顽强的精神克服一切困难，最终赢得学习的胜利。我们有些家长整天"逼"孩子学习，对孩子"推着、压着、吵着、骂着"，缺少的正是对孩子的信心，而没有学会培养孩子的自信心态。培养孩子的自信心，应该做到如下五个方面：

一要适当控制自己的情绪，不要不分场合随便对孩子发火。孩子在学习过程中常会出现一些令家长头疼和生气的事情，这时，做父母的难免对孩子动怒，如果父母在教育孩子时情绪失控，不分地点场合，在老师、同学以及邻里面前对孩子大吼大叫，对孩子的自信心伤害是最强的。

二是不要对孩子要求过于苛刻。孩子是在不断犯错误和改进错误中长大的，有些父母常对孩子的错误抓住不放或对错误过于放大，比如孩子注意力不集中、作业漏写、多玩了一会儿、偶尔考试没考好等，父母如果责备的话过重或没完没了地唠叨，"上课不注意听，学习不好，以后扫马路都没人要"、"成天惹祸，不省心，成事不足败事有余"、"真不争气"、"怎么养你这么个没用的孩子"……不停地抱怨孩子，往往会一点一点地吞噬孩子的自信心。

三是不要对孩子过度保护。一些家长担心孩子做不好，担心让孩子自己做会影响学习，所以许多事都替孩子去做，不会的题给讲，做不上的帮助做，书包替孩子整理，迟到了替孩子编造理由开脱……这些举动会使孩子形成依赖感，凡事离不开父母，缺少成就感，因而丧失自信。

四是应该多与孩子平等交流，做孩子的朋友。在工作和家务双重压力下的父母，经常会感到身心疲惫，所以与孩子交流时，往往表现出一副倦怠或不耐烦的样子，有时还会以"没时间，太累了"为借口，来拒绝与孩子交流，或者以"你还小，别管那么多事"为理由拒绝和孩子探讨问题，并很少注意倾听孩子说话，即使与孩子交流也往往是家长式的，而非平等朋友一样的交流。在这种情况下，会在孩子心理上形成父母认为"我无知"的印象，从而使孩子失去信心。

五是不要给孩子过多的批评，而是要以多鼓励为主。许多父母对孩子的期望值很大，而总喜欢拿自己的孩子与他人的孩子进行比较。当孩子发现父母总是看不到自己身上的优点，而总是认为自己有这样的缺点或不足时，孩子也会慢慢丢失自信。

从家庭教育的角度，总结了五个规律："环境影响人的心态，心态影响人的行为，行为可以变为习惯，习惯可以养成性格，性格决定人的命运。"

方法十一　心态与学习

一、快乐心态与学习

我们每个人都曾经有过这样的体会，如果某一天，自己的精神饱满而且情绪高涨，那样在学习一样东西时就会感到很轻松，学得也很快，其实这正是我们的学习效率高的时候。因此，经常保持自我情绪的良好是十分重要的。

一个人要想学习好，首先要保持心态的宁静，用愉快的心情去从事你的学习。在学习过程中如果我们过分强调学习以外的事情，总想着要是考不上大学的话多么悲惨，那你是无法安心学习的。甚至你会看到因为你上学，家庭和学校为你付出那么多，不时地告诫自己，不好好学习能行吗？

如果一个人在学习的过程中，背负着太多与学习无用的东西，反而会让这个人垮掉。因为学习本身是件很快乐的事。古人说："书中自有颜如玉，书中自有黄金屋。"就是说学习本身可以给人带来一种非常快乐的享受。当你碰到一道数学题，把你折磨得死去活来的时候，突然茅塞顿开，那种豁然开朗的感觉确实令你心情激荡，这是一种非常幸福的感觉。如果你学习现在处于一种比较落后的状态，经过努力以后成绩不断地提上来，周边的同学投给你的那种羡慕的目光，老师给你那赞许的眼神，家长对你表扬的语气，无不是学习本身带来的快乐。

笔者当了这么多年的老师，也当过许多年的学生，发现学习的过程其实本身充满着快乐，如果我们忽视学习的快乐，去一味地探讨学习之外的压力，反而让学习变得很无味。

闻一多读书成瘾，一看就"醉"，就在他结婚的那天，洞房里张灯结彩，热闹非凡。大清早亲朋好友都来登门贺喜，直到迎亲的花轿快到家时，人们还到处找不到新郎。急得大家东寻西找，结果在书房里找到了他。他仍穿着旧袍，手里捧着一本书入了迷。怪不得人家说他不能看书，一看就要"醉"。

世界上有许多著名的科学家的家境是清贫的。他们在通往成功的道路上，都曾与困苦的境遇做过顽强的斗争。牛顿少年时代的境遇也是十分令人同情的。

牛顿1642年出生在英国一个普通农民的家里。在牛顿出生前不久，他的父亲就去世了。母亲在他两岁那年改嫁了。当牛顿14岁的时候，他的继父不幸故去了，母亲回到家乡，牛顿被迫休学回家，帮助母亲种田过日子。母亲想培养他独立谋生，要他经营农产品的买卖。

一个勤奋好学的孩子多么不愿意离开心爱的学校啊！他伤心地哭闹了几次，母亲始终没有回心转意，最后只得违心地按母亲的意愿去学习经商。每天一早，他跟一个老仆人到十几里外的大镇子去做买卖。牛顿非常不喜欢经商，把一切事务都交托老仆人经办，自己却偷偷跑到一个地方去读书。

时光渐渐流逝，牛顿越发对经商感到厌恶，心里所喜欢的只是读书。后来，牛顿索性不去镇里经商了，仅嘱老仆人独去。怕家里人发觉，他每天与老仆人一同出去，到半路停下，在一个篱笆下读书。每当下午老仆人归来时，再一同回家。

这样，日复一日，篱笆下的读书生活倒也其乐无穷。一天，他正在篱笆下兴致勃勃地读书，赶巧被过路的舅舅看见。舅舅一看这个情景，很是生气，大声责骂他不务正业，把牛顿的书抢了过来。舅舅一看他所读的是数学书，上面画着种种记号，心里受到感动。舅舅一把抱住牛顿，激动地说："孩子，就按你的志向发展吧，你的正道应该是读书。"

回到家里后，舅舅竭力劝说牛顿的母亲，让牛顿弃商就学。在舅舅的帮助下，牛顿如愿以偿地复学了。

如果说闻一多的"醉"书和牛顿的篱笆下的"乐学"所反映的是一种快乐学习心态的话，那么在日常生活中，如何营造一种轻松快乐的心情，就是我们所关心的了。

1. 应当有较为开朗豁达的心境，不要过多地去想那些不顺心的事

"山还是山，水还是水"是一种豁然开朗、得失泰然、宠辱皆忘的人生意境。有一首歌谣说得好："走过了山山水水，脚下是高高低低，经历了风风雨雨，还是要

方法十一 心态与学习

寻寻觅觅，生活是忙忙碌碌，获得了多多少少，失去了点点滴滴，重要的是开心快乐。"一个人在有意无意间，既有追求，又淡泊名利，自会有清风明月常在怀的心境。

快乐好比一只蝴蝶，如果伸手捉它，它会展翅高飞；如果静静地坐下来，它反而会在身边停留。

其实，我们所要做的，只是停下脚步、停止抱怨，认真地审视一下自己的生活，看看生活是否真的像我们想象的那么糟，我们是否对快乐的因素熟视无睹，如果是这样，我们也许就会豁然开朗，开始一种全新的心灵旅程。

2. 我们要以一种热情、积极向上的乐观生活态度去对待周围的人和事

因为这样无论对别人还是对自己都是很有好处的。积极的心态像太阳照到哪里哪里亮，消极的心态像月亮初一、十五不一样。要用自己的积极心态去感染别人，不让别人的消极心态影响自己。消极的人总会说，哪块云彩有雨会"淋"到我身上呢？积极的人会想，凡是有云的地方就会有雨。

热情是能量，没有热情，任何伟大的事情都不能完成。热情具有伟大的力量，鼓舞我们以更快的节奏迈向人生的目标。

19世纪英国著名首相狄斯雷利曾说过这样的话："一个人要想成为伟人，唯一的途径便是做任何事都得抱着热情。"

莎拉和安吉拉是国外某电讯公司的两个女工程师。她们同一年进入公司，都有着硕士文凭，她们有着勤恳的敬业精神，都共同参与公司的项目，在业务上的表现不相上下。在公司业务高涨的1999年，莎拉被提拔做了项目经理，而安吉拉则一直在工程师的位置上。到了2001年，公司大批裁员，安吉拉作为首批被裁人员，离开工作了五年的公司。

什么使她们两人的前途如此不同呢？负责解雇安吉拉的香港老板认为："安吉拉冷淡而又不合群的个性，会使我们感到少了她我们并没缺少什么。而莎拉是

个乐观热情的人，她坚强、果断又聪明，她散发的热情能感染每一个人，她的活力能让人人都喜欢她，她是一个天生的社交家和领导者。"

一个人是否热情，决定了我们是否喜欢他、亲近他、接受他，热情的品质影响着一个人生活的方方面面。"热情"成为一个优秀人士所具备的基本品质，一个人表现得是热情还是冷酷，决定了他在社交场上被人喜爱还是排斥。一个人最让人无法抗拒的魅力就在于他的热情。

3. 当自己心中有压力或者心情抑郁时，要及时缓解和释放

调整的办法有：

(1) 找知心朋友谈心；

(2) 去参加体育锻炼；

(3) 去歌厅或山谷放声歌唱；

(4) 去洗浴汗蒸，让自己忘却烦恼和工作压力；

(5) 写日记，让自己把抑郁抒发在日记里，等等。

二、环境对人心态的影响

"近朱者赤，近墨者黑。"这句话从一定角度上说明了环境能影响人的道理。每个人的心理都是跟身边环境息息相关的，环境对人心态的影响也一样无所不在。

如果一个孩子生活在批评中，他就学会了谴责；

如果一个孩子生活在敌意中，他就学会了争斗；

如果一个孩子生活在恐惧中，他就学会了忧虑；

如果一个孩子生活在怜悯中，他就学会了自责；

如果一个孩子生活在讽刺中，他就学会了害羞；

如果一个孩子生活在嫉妒中，他就学会了嫉妒；

如果一个孩子生活在耻辱中，他就会有一种负罪感；

如果一个孩子生活在鼓励中，他就学会了自信；

如果一个孩子生活在忍耐中，他就学会了耐心；

如果一个孩子生活在表扬中，他就学会了感激；

如果一个孩子生活在接受中，他就学会了爱；

如果一个孩子生活在承认中，他的生活中就有了目标；

如果一个孩子生活在分享中，他就学会了慷慨；

如果一个孩子生活在诚实正直中，他就会觉得生活有真理和公正；

如果一个孩子生活在安全中，他就会相信自己；

如果一个孩子生活在友爱中，他会觉得这世界有好的地方；

如果一个孩子生活在真诚中，他就会有头脑，平等地生活。

——摘自《学习与革命》

成功学演讲大师陈安之说过："人的心态跟周围的环境一起共进退。"

当身边的环境传给你的是一种消极，你的心态也一定跟着消极，甚至有时连自己都没有发觉。当身边的环境给你传达的是一种积极，你在潜移默化中就自然积极起来，觉得自己的生活多姿多彩，浑身充满了力量和希望，对任何事情都干劲十足。当身处不良环境时要懂得避免环境对自己产生不良的影响。当身处对自己有利环境的时候，我们应该尽量利用环境对我们有利的条件，扬长避短，为我所用。

1.心态对人的行为的影响

庄子曾告诉人们，一个人的心态能决定他的生活态度。他还说，一个人的见识和阅历决定他的能力和胆识。在生活中，我们也会发现，决定成败胜负的不一定是一个人的技术水平，而是一个人的心态。当一个人患得患失、心有所虑的时候，你所有的经验和技术水平都不能得到很好的发挥。

美国著名心理学家葡劳夫教授给他的学生做过这样的实验，在一个漆黑的屋子里，老师让十个同学们手拉手从屋子的一头走到另一头，十个学生按照老师的要求走了过去。走过去之后，老师打开灯，学生们惊奇地发现，原来他们走过的是一条独木桥，桥下挖了很深的一个坑，坑里面放满了毒蛇，然后老师让十个学生再走回来，结果只有三个学生能走回来。

通过这个实验我们可以看出，每个孩子生下来都可以考上北大、清华的，都具备走过去的能力。为什么若干年后只有三个孩子考上北大、清华，绝大多数孩子都没考上呢？不是孩子能力出问题了，而是心态有问题了。

2. 环境影响心态

"荣誉班"现象：

美籍华人物理学家钱臻榕在家乡读中学的时候，很多学生不求上进。他们那一届有300名学生，一位老师从中挑选出60人，组成了一个"荣誉班"，钱臻榕是其中之一。老师告诉他们，"荣誉班"的学生，都是很有发展前途的。所以这个班的学生对自己的前途都充满信心。他们严于律己，勤奋学习。终于大多数学生成了有成就的人。若干年后，钱臻榕才知道，他们这60个学生是老师随意抽签决定的。

从这里，我们不难得到启发：为什么贴上"荣誉班"的标签会出现奇迹呢？这是因为他们从"荣誉班"的学生"很有发展前途"的肯定中，确立了成功意识，自信、自强的结果。因此，自信、自强是成功的基因。自信是自强的动力，奋发努力是成功的阶梯。离开了自信、自强，必将一事无成。学生都是可以教育的，也是可以造就的，就看老师怎么教。孔夫子说"有教无类"。学生的内在潜力是巨大的，一旦激发出来，就会产生意想不到的精神裂变，好教师就好在善于激发学生的内在潜力。教师的鼓励与鞭策是学生自信心的驱动器，但鼓励与信任是不可分割的。是"荣誉班"的小环境影响了孩子们的心态。

美国心理学家罗森塔尔考查某校，随意从每班抽3名学生共18人写在一张表格上，交给校长，极为认真地说："这18名学生经过科学测定全都是智商型人才。"

事过半年，罗森又来到该校，发现这18名学生的确超过一般，长进很大，再后来这18人全都在不同的岗位上干出了非凡的成绩。这一效应就是期望心理中的共鸣现象。被称为罗森塔尔效应，也叫皮格马利翁效应。

皮格马利翁效应告诉我们，对一个人传递积极的期望，就会使他进步得更快，发展得更好。反之，向一个人传递消极的期望则会使人自暴自弃，放弃努力。

皮格马利翁效应留给我们这样一个启示：赞美、信任和期待具有一种能量，它能改变人的行为，当一个人获得另一个人的信任、赞美时，他便感觉获得了社会支持，从而增强了自我价值，变得自信、自尊，获得一种积极向上的动力，并尽力达到对方的期待，以避免对方失望，从而维持这种社会支持的连续性。

皮格马利翁效应其实体现的就是暗示的力量。

你有过这样的经历吗？本来穿了一件自认为是很漂亮的衣服去上班，结果好几个同事都说不好看，当第一个同事说的时候，你可能还觉得只是她的个人看法，但是说的人多了，你就慢慢开始怀疑自己的判断力和审美眼光了，于是到了下班后，你回家做的第一件事情就是把衣服换下来，并且决定再也不穿它去上班了。

戴尔·卡耐基说过："当我们想改变别人的时候，为什么不用赞美代替责备呢？纵然部属只有一点点进步，我们也应该赞美他，只有这样才能激励别人，不断地改进自己。"

我们不妨谦虚一点，多借鉴一下成功人的经验。

卡耐基很小的时候，母亲就去世了。在他9岁的时候，父亲又娶了一个女人。继母刚进家门的那天，父亲指着卡耐基向她介绍说："以后你可千万要提防他，他可是全镇公认的最坏的孩子，说不定哪天你就会被这个倒霉蛋害得头疼不已。"

卡耐基本来就打算不接受这个继母，在他心中，一直觉得继母这个名词会给他带来霉运。但继母的举动却出乎卡耐基的意料，他微笑着走到卡耐基面前，摸着卡耐基的头，然后笑着责怪丈夫："你怎么能这么说呢？你看哪，他怎么会是全镇最坏的男孩呢？他应该是全镇最聪明最快乐的孩子才对。"

继母的话深深地打动了卡耐基，从来没有人对他说过这种话啊，即使母亲在世时也没有。就凭着继母这一句话，他和继母开始建立友谊。也就是这一句话，成为激励他的一种动力，使他日后创造了成功的28项黄金法则，帮助千千万万的普通人走上成功和致富的光明大道。可是在她来之前没有人称赞过他聪明。

三、测试同学们的学习习惯

放假了，家长上班了，临走时对孩子说："在家好好学习呀。"家长离开家门五分钟以后，孩子就把作业扔到一边去打游戏机了，这种孩子属不自觉学习习惯。还有的孩子苦苦坚持40分钟后，实在忍无可忍也去打游戏机了，这种孩子属半自觉学习习惯。有的家长在回家后看见自己的孩子在打游戏机，开始骂孩子。其实有个专家讲过这样一句话："这个世界上永远没有做错事的孩子，只有做错事的家长。"为什么要讲这句话呢？家长下班回来，看见你的孩子在玩游戏机，你千万不要生气，你应该感到高兴，恭喜你，你培养了一个诚实的孩子。你要是看见他在家里学习的话，那他一定是装出来的。

你想知道自己的学习过程中，有哪些优点和缺点吗？尝试坦白回答下列问题，可帮你测试自己的学习习惯。

阅读方面

1. 阅读时，你会先确定阅读目标，认清自己要从中学什么吗？

2. 在详细阅读课文之前，你会先将该文粗略地看一遍吗？

3. 你会用不同的阅读方法及速度来配合不同的读物与阅读目的吗？

4. 你会留意课文里的标题、分题与课文前后的问题吗？

5. 你会留意课文中的图表、地图和相片等吗？

6. 阅读时，你能分辨出哪些内容重要，哪些不重要吗？

7.对所阅读的读物,你会努力尝试对它发生兴趣吗?

记忆方面

1.对于必须记牢的内容,你会尝试先行了解、明白吗?

2.你会将需要学习的东西组织起来,如写下大纲、分成类别等吗?

3.对于刚学到的东西,你尽快复习吗?

4.你会将复习时间分成若干段落,并适当安排休息吗?

5.学习时,你能分辨哪些资料重要哪些不重要,并使注意力集中在重要资料上吗?

6.你会尽量将重要的东西牢牢地记住吗?

7.你会将学过的知识融会贯通吗?

8.你会将学过的内容经常复习吗?

9.你会将学到的东西或知识加以应用吗?

笔记方面

1.你会应用简写的方式如符号、图表等,使笔记看来更精简易明吗?

2.你的笔记有很大的灵活性,以便随时加插、修改或重新编排次序吗?

3.你的笔记选用不同的组织方法如列序式、大网式、分类等,以配合不同形式的内容吗?

4.你的笔记内容是经过自己的思考、过滤及重组后,用自己的语言写出来的吗?

5.上课时,你能同时听老师讲课及用笔记摘录内容吗?

6.你会拣出内容的精华而避免原文照抄,也避免将老师所讲的一字不漏地写下来吗?

如果你回答"是"的次数较多,则表示你有较佳的学习习惯;反之,你可能需尽快改善学习的方法了。

学习习惯测试（一）

本测试共16道题目，每题都有三个备选答案：A.是，B.有时如此（或不一定），C.否。

1. 在固定的时间进行学习吗？

2. 学习时周围必须很安静吗？

3. 是否经常查用辞典、字典等工具书？

4. 学习时有下意识动作吗？

5. 是否在按自己制订的计划学习？

6. 在学习中有经常沉迷于空想的时候吗？

7. 学习结束后，收拾书桌吗？

8. 有一边听广播、听MP3或看电视一边学习的时候吗？

9. 发回的试卷，自己能认真总结、分析缺陷吗？

10. 是否平时不烧香，考前抱佛脚？

11. 你认为自己的预习效果不错吗？

12. 不感兴趣的课程就不愿下大力气去学吗？

13. 对所学的知识能够立即复习吗？

14. 即使有不明白的问题，也不愿去办公室向老师请教吗？

15. 即使有你喜爱的电视节目，是否也要坚持完成当天的学习任务再去看？

16. 是否经常有对书本毫无兴趣而浪费时间的现象？

评分方法：奇数题选A记2分，B记1分，C记0分；偶数题选择A记0分，B记1分，C记2分。将各题分数相加，得出总分。

27分以上，表明学习习惯非常好；22—26分，学习习惯较好；16—21分，学习习惯一般；15分以下，你的学习习惯很差，需要改正。

学习习惯测试（二）

下列问题中，如果经常这样做就打"√"；如果很少这样做就打"×"；如果难以判断，或做到与没有做到的情形各占一半，就不必做标记。

1.在家有固定的学习时间。

2.学习用品放在一定的地方，使用时十分便利。

3.书桌或周围常保持整洁，不放置玩具或杂物。

4.能自觉看书和做作业，不必他人催促。

5.有课前预习的习惯。

6.有课后复习的习惯。

7.上课或自修时有记重点的习惯。

8.遇到疑难问题时，有追根问底的习惯。

9.上课有疑问，能勇于发问或请教。

10.乐于和同学讨论功课。

11.课堂上认真听讲，有疑问时做标记。

12.遇到问题能先独立思考，后问同学或老师。

13.平时就能用功学习，不怕临时考试。

14.考试答完试卷后有仔细检查的习惯。

15.妥善安排作息时间，拟定读书计划。

16.读书时能保持正确的姿势。

17.放学回家后，先完成作业，尽量留点时间预习第二天的内容。

18.拿到批改过的作业或试卷后能认真看，并进行反思、总结。

19.读书遇到疑难时，能随时查字典或其他参考资料。

20.一周一小结，一月一大结，一学期一汇总。

回答完后：

"√"在10个以下，说明你没有养成良好的学习习惯；

"√"在10—15个，说明你学习习惯一般；

"√"在15个以上，说明你有良好的学习习惯。

方法十二　自信与学习

在实际学习中，不少同学总认为自己比别人笨，不相信自己的能力。他们不敢碰难题，即便做出答案也总怀疑不正确，更不敢向学习好的同学挑战。这种自信缺乏，严重地阻碍了学习的进步。如果说每个人都有巨大的潜能，那么，自信就是开发巨大潜能的金钥匙。不管什么时候，我们都要认识到，人与人之间虽然存在着差异，但每个人可供开发的潜力、所能达到的高度是不可限量的。只要自己敢想、敢做、永不服输，就一定能走向成功。

一、培养自信

美国作家爱默生说："自信是成功的第一秘诀。"

自信就是对自己能够达到某种目标的乐观、充分估计。可以说，拥有自信就拥有无限机会。

1.如何增强自信

增强自信的第一个方法：关注自己的优点。在纸上列下十个优点，不论是哪方面（细心、眼睛好看等，多多益善），在从事各种活动时，想想这些优点，并告诉自己有什么优点。这样有助你提升从事这些活动的自信，这叫做"自信的蔓延效应"。这一效应对提升自信效果很好。

增强自信的第二个方法：与自信的人多接触。"近朱者赤，近墨者黑。"这一点对增强自信同样有效。

增强自信的第三个方法：自我心理暗示。不断对自己进行正面心理强化，避免对自己进行负面强化。一旦自己有所进步（不论多小）就对自己说"我能行"、"我很棒"、"我能做得更好"等，这将不断提升自己的信心。

增强自信的第四个方法：树立自信的外部形象。首先，保持整洁、得体的仪表，有利于增强一个人的自信；其次，举止自信，如行路目视前方等，刚开始可能不习惯，但过一段时间后就会有发自内心的自信；另外，注意锻炼、保持健美的体形对增强自信也很有帮助。

增强自信的第五个方法：不可谦虚过度。谦虚是必要的，但不可过度，过分贬低自己对自信心的培养是极为不利的。

增强自信的第六个方法：学会微笑。微笑会增加幸福感，进而增强自信。

增强自信的第七个方法：扬长避短。在学习、生活、工作中，抓住机会展现自己的优势、特长，同时注意弥补自己的不足，不断进步，肯定能增强自信。

增强自信的第八个方法：阅读名人传记，因为很多知名人士成名前的自身资质、外部环境并不好，如果多看一些这方面的材料有助于提升自信心。

增强自信的第九个方法：做好充分准备。从事某项活动前如果能做好充分准备，那么，在从事这项活动时，必然较为自信，而且这利于顺利完成活动并增强整体自信心。

增强自信的第十个方法：给自己定恰当的目标，并且在目标达成后，定更高的目标。目标不能太高，否则不易达到，如果达不到，对自信心会有所破坏。

增强自信的第十一个方法：冒一次险。当你做了以前不敢做的事以后，你会发现，原来做这事并没有什么了不起，这对提升自信心很有帮助。

增强自信的第十二个方法：排除压力。过重的压力会使自己意志消沉，对自身产生怀疑，从而破坏自信心，学会排除压力对保持原有自信帮助很大。

增强自信的第十三个方法：做自己喜欢做的事。对自己喜欢做的事，因为比较投入，容易取得成功，继而产生成就感，这非常有利于自信心的提高。

增强自信的第十四个方法：保持健康。注意全面的营养，保证身体锻炼，保持快乐的心境，良好的生理、心理状况会使自己产生幸福感，进而产生自信心。

增强自信的第十五个方法：尽量依靠自己。有事尽量依靠自己解决，能不断激发自身的潜力，并且通过一次次的成功，不断提升自信水平。

2. 自信是成功的第一要诀，有志于成才、成功的人请培养你的自信

一个贫困家庭的黑人孩子，从小就非常自卑。父母都靠出卖苦力为生，这个孩子一直认为，就像他这样地位卑微的黑人孩子，不可能有什么出息。

一次，父亲带他去参观画坛巨擘梵高的故居，看过那张小木床及裂了口子的皮鞋后，他不解地问爸爸："他不是百万富翁吗？"父亲答道："他是位连妻子都娶不上的穷人。"

第二年，父亲又带他去参观童话大师安徒生的故居，他再次困惑了："爸爸，安徒生不是生活在皇宫里吗？"父亲说："安徒生是鞋匠的儿子，他就生活在这阁楼里。"

此后，这个孩子发愤图强，终于大有作为。

他就是美国历史上第一位获得普利策奖的黑人记者里克·布拉格。20年后，里克·布拉格说："上帝没有轻看卑微的意思，是两位贫贱的名人促使我走向成功。"

一个冷酷无情的嗜酒如命的人，在酒吧里把看自己不顺眼的服务员给杀了，结果被判终身监禁。他两个相差一岁的儿子，其中一个因为时常背着有这样一个老爸的强烈自卑而最终染上了吸毒和酗酒的恶习，结果也因为杀人而步入监狱。另一个孩子，他现在已经是跨国的CEO，并且组成了美满的家庭。说起来可能有些人不信，造成这种差距的仅仅是因为他不把自己有杀人的爸爸当作自卑的负担放在自己身上，他做任何事情前不断地告诫自己："有一个杀人父亲的事实虽然不能

改变，但我可以改变自己，我依然是出色的。"

3. 自信是学习中的第一位老师

对大脑潜能的开发，如果输入积极信号或输入消极信号，大脑都会起着发挥潜能的作用。

魏书生老师讲过这样一个事例：

两个人都到医院看病，一个是真病人，患了很严重的肺病，医生给她做了X光；一个是没病的人，但老怀疑自己有病，非要医生也给她做了X光。没想到洗出来两个人的胸片往档案里装反了，看片的时候有病的人一看自己的病已经好了，顿感轻松愉快，每天都感觉自己是个健康人，高高兴兴的，过了一年到医院里复查，真的一点病都没有了。那位"有病"的人，本身就疑神疑鬼，再看自己的片子，情绪更加低落、沮丧，心理压力极大，惶惶不可终日，这样每天提心吊胆地过日子，没到一年时间，真的因病去世了。

其实我们都有这样的经历，比如在镜子前对自己微笑，心情马上就会变得轻松，再比如，有一道题苦思冥想都没做出来，在睡前将有关条件信息输入大脑，第二天起来，说不准答案就出来了。

如果一个孩子在自己学习或个人成长方面有错误的观念，那么他的潜能就没办法发挥出来。举个例子，如果孩子认为数学很难，没有意思，那么他的大脑在这方面就会处于停滞状态，他就会放弃努力，这就是思想限制了潜能。再比如，有的同学经常会说，我肯定学不好，我脑子不如别人聪明；我不适合学理科；我体质不好；我记忆力不好；我基础不好；我长得不漂亮；老师不喜欢我。又如，常常听到家长这样说，我家孩子特别笨，脑袋转得慢；这孩子不可能学习好；这孩子从小就脾气不好，特别急；这孩子将来肯定没出息。

1953年，科学家沃琳和克里克在照片上发现了DNA的分子结构，提出了DNA双螺旋结构的假说，标志着生物时代的到来；沃琳和克里克因而获得了1962年度

诺贝尔医学奖。但他俩不是第一个发现DNA双螺旋结构的科学家，早在1951年，英国有一位名叫佛兰克林的人，从自己拍得极好的DNA的X射线衍射照片上发现了DNA的螺旋结构之后，就这一发现作了一次演讲，然而由于生性自卑，又怀疑自己的假说是错误的，佛兰克林放弃了这个假说。可想而知，如果佛兰克林能够坚信自己的假说，进行深入研究，确认这个伟大的发现，诺贝尔奖肯定就属于他的了。

可见，如果一个人太自卑的话，很难有所成就。

生活中的许多人都很容易在头脑中自我设限，如果能积极地推翻自己设置的障碍，你就可以实现自我突破。

你如果要创造自信，关键的就是要把自己放在一个强者的地位。如果你有强的科目，那你就可以找一个在这方面不如你的，对他说："我决定要帮你学某学科，有什么需要我帮忙的吗？"给他讲题，给他找题做。这是创造自信的一个非常好的办法。也可以做一点别人多忽视的题，使成绩很快上升，也能够增强自信。

其实自信是一种生活态度，是一个成功者必备的素质。自信心不是无端地建立起来的，而是自己要有过硬的本领、扎实的基础。做理科题应该能够做到，做完之后自己就知道正确与否。其实自信就是相信自己有能力解对题。它所起到的作用是将你已有的能力极大地发挥出来，它在你学习的过程中处处有所体现，所以它的作用的确是很大的。自信是最大限度发挥自己能力的前提条件。如果你有自信，你就可以说自己是一位不折不扣的成功者。

二、开发潜能

你带着成为天才人物的潜力来到人世，你也带着幸福、健康、喜悦的种子来到人间，每个人都是如此。人脑与生俱来就有记忆、学习与创造的巨大潜力，你的大脑也一样，而且能力比你所能想象的还要大得多。

1.人脑具有巨大潜能

人类的大脑内部有千亿个神经细胞，这已是科学上不争的事实，然而，人脑的力量虽令人敬畏,却也难以捉摸。唯有先懂得如何去开发脑中的无限潜能,才能真正运用这份力量。我们必须先接受一个观念,那就是真心地相信自己与生俱来的潜力还没完全展现出来。

现代脑生理学的研究证实,人的大脑具有巨大的学习潜能。大脑储存知识的能力使我们目瞪口呆,一般人只使用了其思维能力的很小一部分。如果我们能迫使自己的大脑达到一半的工作能力,我们就可以轻而易举地学会数十所大学的课程。

近年来我国开展的旨在开发大脑潜能的教改实验,也取得了显著成果。

北京幸福村小学的马芯兰老师用3年时间完成小学5年的教学内容,学生成绩普遍优秀,且负担不重。

北京二十二中孙维刚老师,只用一个学期就使其所教的学生学完了初中教学6册书的全部内容。

天津市宁河县任凤乡大坨小学的史建昌老师参加了"中小学生智能开发与学习指导"课题实验,他从培养学生自学能力入手,班上有10名学生用半个学期就学完了一个学期的内容。

2.积极开发大脑

人的学习潜力是巨大的,但这一潜力需要积极开发,才能使潜力变成实际的能力。那么中小学生应怎样开发自己的学习潜能呢?

第一,要树立远大志向。古人讲"非志无以成学"、"志不强者智不达"。所谓立志就是激励自己走向一条积极进取的、迎难而上的、智慧的人生之路。人有了志向,就会对自己严格要求,就会克服前进路上的任何困难,他的聪明才智才会发挥出来。正如高尔基所说:"我常常重复这样一句话,一个人追求的目标越高,他的才力发展得就越快,对社会就越有益,我确信这也是一个真理。"有些同学智商很高,但由于缺乏远大志向,现有的智力都不能得到彻底发挥,更谈不上开发潜能。

方法十二　自信与学习

第二，要提高身心健康水平。健康的身体、充沛的精力、愉快的心情可使人的智力机能很好地发挥作用，反之，人的智力活动就会受到压抑。可见身心健康是开发潜能的基础。要提高身体健康水平，可以从饮食、睡眠、锻炼三方面进行调整。要提高心理健康水平，需要涵养自己的性格，建立和谐的人际关系。

第三，培养良好的心理品质。心理品质包括道德品质、意志品质、自信心、责任心等。有一位心理学工作者对1850年到1950年间的301位科学家进行研究，发现这些人不但智力水平高，而且在青少年时期就表现得十分坚强，有独立性，这些人充满自信心，有百折不挠的坚持精神。可见，培养良好的心理品质对开发人的学习潜能作用重大。

第四，学会学习。有人说过："未来的文盲不是不识字的人，而是没有学会学习的人。"学会学习可以使人更有效地发挥出自己的学习潜能。学会学习包括全脑学习、全身心学习、科学地学习、创新学习等。这些都会帮助同学们更好地开发自己的学习潜能。

上面我们重点从四个方面讲了怎样开发学习潜能，实际上主要是两大方面：一是学会做人，二是学会学习。这两方面也是密切联系在一起的，希望同学们在学会做人中体会学习的规律，在学会学习中领悟人生的道理。

3. 开发潜能有三大要素，即高度的自信、坚定的意志、强烈的愿望

高度的自信是一切成功的基础。如果你对自己非常自信，以至你的激情被彻底唤起的时候，你就会进入一种特殊的功能状态。这时你的思维和精神力量的速度及数量都会大大增加，在这种状态下，你的精神力量好像增加了数倍，思维这部无比精密的仪器以神奇的速度顺利地运转，此刻你会真正感觉到灵感四溢、随心所欲的心理状态。可以说，信心是成就一切事业的根本。大家无论在学习工作，还是创业上，都要想到信心，要使自己充满必胜的高度信心，因为信心是潜意识能量的精髓、灵魂，没有信心，你将一事无成。

意志是为了达到既定目标而自觉努力的心理过程。简单地说，意志就是坚定的决心。一位哲人说过，大多数失败因软弱的意志造成。一切成功创业也是如此，坚定的意志是事业出成效的一个重要因素。我们的意志是一种很奇怪、很微妙、无法触摸但却非常真实的特殊能量，它与人类潜意识深层次的力量有着非常紧密的联系，当潜意识的神奇力量被激发出来的时候，通常是意志在起作用。

一位著名的成功学家说过，一个人在其梦想、雄心、目标、表现、行为和工作中显现的精力、能量、意志、决心、毅力和持久努力的程度主要是由"想"和"想要"某件事的程度来决定。这句话可谓是放之四海而皆准的真理，世上任何人做任何事都是如此。当人强烈渴望某个事物，尤其当这种渴望的强烈程度已深入影响到潜意识时，他便会求助于潜意识中的意志和智慧的潜在力量，这些力量在愿望的推动和刺激下，会表现出不同寻常的超人力量。

三、提升素质

学习不仅是读书、听课、做题那么简单，它是一种能力、一种素质，它需要正确的方法，需要良好的心态。也许做高考状元确实需要天才和运气，但我们普通人只要掌握了正确的学习方法，用心锻炼学习需要的各种素质，具备良好的学习心态，任何人都可以迅速提高学习成绩，取得高考成功。而且在高考过去以后，这些素质、方法和心态将会成为你一生的财富，帮你不断取得成功。

如何提高个人素质？

1. 诚信和正直

一个人的人品如何直接决定了这个人对于社会的价值。而在与人品相关的各种因素之中，诚信又是最为重要的一点。

微软公司在用人时非常强调诚信，只雇佣那些最优秀、最值得信赖的人。如果一个应聘者不够诚实或不讲职业道德，那么，即使他在技术水平上表现得再优秀，

也会毫不犹豫地被拒绝。

蒙牛公司的用人原则是：有德有才，破格使用；有德无才，培养使用；无德有才，限制使用；无德无才，坚决不用。

诚信就是诚实、守信用。诚实守信是人的立身之本。一个人言而无信，就是自甘堕落，不堪与之为伍。

在欧美流传这样一个故事：

一位非常富有但脾气古怪的老绅士想要找一个男孩服侍他的饮食起居，帮他做些事情，唯一的要求就是这个年轻人必须是一个正直的孩子。他经常说这样的话："向抽屉里偷看的孩子会试图从里面取出点东西，而在年轻时就偷窃过一分钱的人，长大后总有一天会偷窃一元钱。"

很快，老绅士就收到20多封求职信。但是他要对这些孩子进行考核，只有符合要求的人才能得到这份工作。

四个精干的小伙子来参加最后的面试，他们来到绅士那里。绅士提前准备了一间房子，他要求四个人逐一进入这个房子，只要在里面的椅子上安静坐一会儿就行。

查尔斯·布朗第一个进入房间，刚开始的时候他非常安静。过了一会儿，他看见桌子上摆放一个罩子，好奇心让他很想知道这个罩子下面到底是什么，于是他掀起了罩子。一堆非常轻的羽毛飞了起来，于是他又急忙把罩子放下，可是这下更乱了，其余的羽毛被气流吹得满房间都是。

老绅士在隔壁的房间看得很清楚，查尔斯无法抵住诱惑，结果可想而知，查尔斯落选了。

亨利·威尔金斯是第二个进入房间的孩子，他刚一进去就被一盘诱人的、熟透了的樱桃吸引了。"这么多樱桃，吃掉一个，别人也不会发现。"亨利心想。于是他拿起了一个最大的樱桃放进嘴里，但是这个樱桃可不是像他想象的那样，而是非常辣，他忍不住喊了起来。这些樱桃都是假的，里面全是辣椒。亨利·威尔金斯也被打发走了。

接下来的是鲁佛斯·威尔森，他看到桌子上有个抽屉没有锁，其余的都锁着。于是他决定拉开那个抽屉看个究竟。但是刚刚把手放在抽屉把手上，就响起了一阵铃声。老绅士气愤地把他赶出了房间。

最后进入房间的男孩叫哈里。他在房间静静坐了20分钟，什么也没有动。

半个小时后，老绅士非常满意地告诉他："诚实的孩子，你被录取了！"

"屋子里那么多新奇的东西，难道你不想动一下吗？"老绅士问。

"不，先生。在没有得到允许之前我是不会动的。"哈里回答。

后来，哈里一直服侍老绅士，当老人去世的时候，留给他很大一笔遗产，从此以后，他过上了充足富裕的生活。

2. 培养主动意识

坦白地说，中国的学生和职员大多属于比较内向类型的，在学习和工作中还不够主动。在学校时，学生们往往需要老师安排学习任务或是按照老师的思路做课题研究。在公司里，中国职员常常要等老板吩咐做什么事、怎么做之后，才开始工作。此外，许多中国人并不善于推销和宣传自己，这恐怕和中国自古以来讲求中庸的文化氛围有很大关系。

3. 客观、直接的交流和沟通

开诚布公地交流和沟通是团队合作中最重要的环节。人与人之间遮遮掩掩、言不由衷甚至挑拨是非的做法都会严重破坏团队中的工作氛围，阻碍团队成员间的正常交流，并最终导致项目或企业经营失败。

4. 挑战自我，学无止境

从一名大学生到一名程序员，再到一位管理者，在人才的成长历程中，学习是永无止境的。在大学期间，我们要打好基础，培养自己各方面的素质和能力；工

作以后，我们应当努力在实际工作中学习新的技术并积累相关经验；即使走上了管理岗位，我们也应当不断学习，不断提高自己。比如，软件产业本身是一个每天都会有新技术、新概念诞生，充满了活力和创造力的产业。作为产业的从业人员，如果只知道闭门造车、抱残守缺，我们就必然会落伍，必然会被市场淘汰。

四、自信是最好的学习方法

可以说，心理上的调整要重于学习方法、学习态度的努力与否。自信在学习中是十分重要的，而且自信是学习的过程中容易忽视的部分之一。有时候学习成绩不好，同学往往归结于自己不够努力或者不够聪明，往往忽视心理对学习成绩的巨大影响。

产生自信心，是指不断地超越自己，产生一种来源于内心深处的最强大力量的过程。这种强大的力量一旦产生，你就会产生一种很明显的毫无畏惧的感觉，一种"战无不胜"的感觉。产生自信心后，无论你面前的困难多大，你面对的竞争多强，你总感到轻松平静。

1. 长期的坚持能使自信心产生得越快、越强

有的人受到挫折时，始终不能产生足够的自信心，从而一蹶不振；有的人却能在考试时出现焦虑和绝望后迅速产生强大的自信心，从而"拼劲"十足地完成考试。这是因为前者平时不注重自信心的产生，到了需要时得不到想要的自信心。而后者，经过长期的、不断的训练，使自己的自信心产生得越来越快、越来越强。

2. 自信心是心态的核心

自信心是心态的核心，它几乎贯串于心态的各个方面。在长期的学习过程中，当你受到挫折感到悲观失望时，自信心会使你重新燃起斗志；当你感到孤独、焦躁时，自信心使你平静下来；当你感到成功的喜悦时，自信心使你更加振奋。自信心还能产生"拼劲"和"狠劲"。因此，当心情到了最差时，到了最恶劣时，你还有

最后一招——产生自信心。

3. 自信心来源于超越自己，表现为超越他人

自信心表现为超越别人。如果你在学习过程中不断地超越自己，不断地产生自信心，一段时间后，你必能超越与你同等实力的人。超越他人后，你的自信心就得到强化，你产生自信心的方法就得到验证。自信心源于超越自己。因此，如果你某次考试成绩不好，只要你不在意考试成绩，你不在意别人的评价，你的自信心就不会受到削弱。

学习处于初级阶段，可以通过在学习时不断超越自己产生自信心，不要在意考试成绩。如果无法通过学习本身产生自信心，你可以通过学习之外的东西来产生自信心，例如，登高山、看大川、观大海、访名胜古迹、读历史书等方法。

学习处于中级阶段，除了在平时不断超越自己外，可以尝试着在考试中挑战他人。

学习处于高级阶段，不断超越自己，不断地超越别人。尽量多参加考试，尽量多挑战自己和他人。考试成绩好，可以强化自信心；考试成绩不好，也不必在意。

4. 考试时，自信心极端重要

自信心有一个独特性，就是表现为超越别人。考试中，尤其是在高考中，自信心起到极其重要的作用，有时甚至可以决定最终成败。考试时，你的自信心产生得越快，产生的自信心越强大，你越占优势。

5. 自信心是个长期训练的过程

某种意义上，自信心决定考试的成败。但高考与长期的学习比起来，只是一个瞬间。到了高考前再刻意增强自信心，已经晚了。你必须在平时学习和考试中不断产生自信心。

6. 考试成绩不好，学习受到挫折，照样能产生强大的自信心

历史上的很多伟大人物，在尚未取得世人认可之前，就表现出强大的惊人的

方法十二　自信与学习

自信心。他们在受到普遍的冷落和怀疑时，自信心不但没有减弱，反而更加强大。

爱因斯坦在《广义相对论》受到普遍质疑时，却对别人说："我的生命现在已经不重要了，因为广义相对论已经建立起来了，这才是最重要的。"

很多高一考试成绩很差的人，通过高中几年的奋力拼搏，最终考入了大学，甚至考入了很好的大学。只要你找到了产生自信心的方法，即使考试成绩不好，学习受到挫折，照样能产生强大的自信心。因为自信心来源于超越自己。

方法十三　如何提高学习效率

读书时，只求理解字面的含义，只能学到100%，理解了作者的意图能学到300%，读懂字里行间的寓意能学到1000%，更多地要靠你的悟性，这里还有一个质的飞跃。学习的收益不仅仅是指你在一定时间内所获得知识的多少，更重要的是你将所获得的多少知识转化成了智慧。

我们经常看到这样的情况，某同学学习极其用功，在学校学，回家也学，不时还熬熬夜，题做得数不胜数，但成绩却总上不去。其实面对这样的情况，我们也是十分着急的，本来，有付出就应该有回报，而且，付出的多就应该回报也多，这是天经地义的事。但实际的情况却并非如此，这里边就存在一个效率的问题。效率指什么呢？好比学一样东西，有人练十次就会了，而有人则需练一百次。同样的时间内，只能掌握别人学到知识的一半，这样怎么能学好？学习要讲究效率，提高学习效率，就等于延长你的生命。因为你在相同的时间内学习了更多的知识，别人需要几年才能完成，你只需要几个月就能完成。这样，不仅浓缩了你的生命，而且能让你迅速度过"专职学习期"，进入工作期，为社会创造更多的财富。同时，你还可以利用多余的时间进行其他方面的学习，获得新的知识。

学习效率是指单位时间内所获得知识的数量。这里还有个学习"质量"的问题，包括：(1)你所获得的知识与你所要达到目标的密切程度；(2)你的知识体系构

成的合理性；(3)你对所学习知识的理解深度；(4)知识转化为智慧的效率。想想看，这个问题是不是比单纯获得知识的数量更重要？由此可见，我们必须密切关注科技发展动态，精心选择那些与我们既定目标相关的知识来学习。

知识体系构成的合理性是指构成知识体系各部分知识的相容性、互补性、增益性。如果知识之间的相容性越好，所产生的互补作用就越强，增益效应也就越强，知识的效能就会成倍增加。

如果你不注意学习的"质量"问题，只是一味地追求学习"数量"，到头来，你会发现你所学习的知识与你所需要的知识相差甚远。另外，毫无选择地学习知识，会造成你的知识体系的不合理，不可能获得知识的互补作用和增益作用。

一、明确学习态度

这里，我们强调主动学习与被动学习在学习效率中的作用。

主动学习是那种自觉自愿的、发自内心的、具有极高热情的、目标明确的、信心百倍的、充分调动智慧的学习状态。它能够使你意志无比坚强，使你燃烧起火一样的、永不熄灭的求知欲望，使你的注意力高度集中，专注于自己的学习，这样，你的智慧就会得到充分的发挥。只有积极主动地学习，才能感受到其中的乐趣，才能对学习越发有兴趣。有了兴趣，效率就会在不知不觉中得到提高。有的同学基础不好，学习过程中老是有不懂的问题，又羞于向人请教，结果是郁郁寡欢、心不在焉，何谈提高学习效率。这时，唯一的方法是向人请教，不懂的地方一定要弄懂，一点一滴地积累，才能进步。如此，才能逐步地提高效率。

被动学习很容易让你产生厌学情绪，总是心神不定，无所适从。被动学习者，没有自己为之奋斗的目标，只是被动地接受知识，缺乏自信心，更谈不上自发的学习热情，处于这种心态的人，他的智慧发挥将受到极大的限制，也无心去寻找更好的学习方法。所以说，改变你的学习状态是提高学习效率的第一步。

学习状态是指学习时你所处的一种思维与情绪状态。一个人的学习状态与他的心理状态关系密切，良好的心理状态能够促进学习者敏锐的观察能力、活跃的思维能力、准确的判断能力、牢固的记忆能力。

进入良好的学习状态，有一些十分有效的方法，比如与高层次的学者进行有关问题的讨论，往往能够使你迅速进入良好的学习状态；学习你非常感兴趣的知识，也能够使你迅速进入良好的学习状态；听有关高层次专家的学术讲座，同样能够让你迅速进入良好的学习状态。另外，也可以通过调节心理状态，使自己迅速进入良好的学习状态，比如听音乐、散步等，学习前首先要让自己安静下来。

二、方法是效率的根本

调整好学习心态之后，还必须寻找和研究学习方法，这样，才能确保提高你的学习效率。学习方法是指你在学习时所采用的方式、方法和策略。学习的方法各有不同，但总的原则是相同的。比如分析方法、记忆方法、逻辑推理方法，大致一样。所不同的是，要找到适合你的学习方法，这样，才能从根本上提高学习效率。比如有的人大声地朗读记忆效果好；有的人做读书笔记记忆效果好；有的人喜欢用图表分析问题，又快又清楚；有的人更适合一边写、一边思考的方法。

总之，学习方法千差万别，没有一个固定的模式，不是一成不变的，需要时常更新，根据自己的学习情况、学习需要、学习目的、学习的内容，根据不同的年龄、不同的智慧、不同的环境，进行科学的调整，这样才能够不断地完善，不断地提高，真正成为你学习上的精锐武器。

三、减少重复

减少重复是提高学习效率的一个极好的方法。在学习时我们经常把所学的知识，从头到尾地复习，这样做具有很大程度上的重复性。你没必要再复习那些你已经掌握很牢固的知识，你所要做的就是从目录中选择出那些你掌握得不怎么好

的知识，进行重新学习，并将这部分知识的掌握程度超过已掌握知识的最高水平，这样你就获得了一次学习上的飞跃，把最坏的变成了最好的。你的学习之所以总是长进不大，其最主要的原因就是你没有采用最佳的手段去消除你的学习盲点。

减少重复的另一层含义是指应该有选择地做练习题，你应该选择那些对理解概念、定义、原理有帮助的习题来做，选择那些能够开阔思路、提高智慧的习题来做，这样才会有所收获。再就是有选择地读书，不要只是读一些内容重复的书，更不要读一些没有价值的书，要选择一些经典的书籍来读，选择那些与自己事业发展有关的书籍来读。

四、建立自己的学习环境

建立适合于自己的学习环境，其目的是使自己能在这种环境里心情愉快、精神饱满，大脑处于一种非常活跃的状态。比如一个整洁的房间、适当的灯光亮度、一张合适的写字台和椅子，或是安静，或是轻轻飘荡的优美音乐，这些都能让你迅速进入学习状态，让你的大脑处于最佳运行状态。

你可以慢慢地摸索适合于你的学习环境，经过一段时间尝试，如果很有效，就把它固定下来，什么样的环境条件都可以去尝试，只要能提高你的学习效率就行。可以引入一些生活中的经验，也可以是一些奇思妙想来建立学习环境，这有时也是一种创造。

五、学会主动放松

主动放松是指有目的地放松自己的大脑和心情。主动放松的方法可以是柳荫下的漫步，也可以是充满活力的体育锻炼，也许你更喜欢轻柔的音乐或是与朋友开心地聊天。总之，能使你放松的事有很多。

放松一定要有限度，以达到目的为原则，时刻要记住，你的第一任务是学习，放松是为了更好地学习，而不是为了放松而放松。在紧张的学习期间，看一本有趣的杂志，能让你过分紧张的大脑区域获得主动休息。当你做了大量的数学练习题，感到十分疲倦的时候，不妨朗读一段英语小故事，你可以在新的学习中得到休息。

脑科学研究证明，人在进行不同类型知识学习时，大脑相应智能区受到刺激后，处于兴奋状态，长时间的兴奋会产生疲劳。因此，你可以在大脑某个区域疲劳后，进行其他知识的学习，这时，大脑的其他区域开始兴奋，而原来处于兴奋状态的区域便转入休息状态，就会使大脑得到良好的休息。

六、运用大脑的生物钟

人的大脑内部有一个调节时间节律的生物钟，它的规律十分准确。每年是一个大周期，每月是一个中周期，每天是一个小周期。在它的调节下，大脑的生理功能和智力活动在一段时间处于高潮，在另一段时间则处于低潮，呈现出有规律的波动曲线。你需要花一点时间来了解和掌握自己的生物钟活动规律。

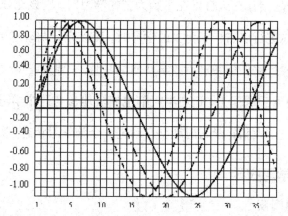

图13-1　生物钟曲线：纵坐标是生物钟数值，横坐标是计算对应日
图中实线、间断线，点线分别是智力、情绪、体力钟图象

我们在安排自己的学习时，要根据这个波动曲线进行计划，在高潮期进行比较复杂、难度较大的学习；在低潮期安排一些较为容易的、简单的学习；在两个周期之间安排一些一般性的学习。这样，我们就能做到科学用脑，收到事半功倍的学习效果。

方法十三　如何提高学习效率

七、全脑学习法

平时，我们在学习时，大脑的两个半球间有大量的信息交换，发挥着相互协助的作用。然而，无论你从事哪一门知识的学习，总是由于你所学习知识类型不同，而使相应的某个半球处于主导地位，这就是半脑学习。

左半球是处理语言、进行抽象逻辑思维、集中思维、分析思维的中枢。它主管着人们的说话、阅读、书写、计算、排列、分类、语言回忆和时间感觉，具有连续性、有序性、分析性等机能。你在进行这方面的学习时，就是以左半脑为主的学习。

右半球是处理表象，进行具体形象思维、发散思维、直觉思维的中枢。它主宰着人们的视知觉、复杂模型再认识、形象记忆、认识空间识别几何图形、想象、做梦、理解隐喻、发现隐蔽关系、模仿、音乐、节奏、舞蹈以及态度、情感等，具有不连续、弥漫性、整体性等机能。而你在进行这方面的学习时，就是以右半脑为主的学习。

全脑学习法是指你在进行以左半脑为主的学习时，应该充分调动右半脑的参与，反过来，在你进行以右半脑为主的学习时，应该充分调动左半脑的参与，使整个大脑都参与学习。比如你在进行数学几何学习时，主要是左半大脑在工作，这时，你要调动你的图形想象能力，让右半大脑也积极地参与这个学习。经过一段时间的练习，久而久之，大脑在学习时就会自动进入全脑学习状态，实现全脑学习。

八、培养学习技能

1.学会快速阅读

直接从书中获取知识是一条重要的途径，即使是教科书中的知识，也不能纯粹依靠老师的讲解来学习。一个掌握阅读技能的学生，能够更迅速、更顺利地掌握知识，学得更主动、更轻松。在实际学习中，许多同学习惯于上课听讲，下课做作业，即使是教科书也不甚阅读，更不用说大量阅读课外书籍。长期下去造成的结果是不会读书，没有形成熟练的阅读技能，对学习的发展造成严重阻碍，这可能是很多同学在学业上落伍的一个重要原因。我们讲的阅读技能并不是指能简单地读，而是指在阅读的同时能思考、在思考的同时能阅读的能力，是指能够根据不同书籍的模式迅速分清主次、把握书中内容的一种技能。这就要求同学必须多读书，注意了解不同书籍的特点和阅读技巧，加强读思结合，并且有意识地加快阅读速度，逐渐形成快速阅读技能。

2.学会快速书写

中学阶段课业负担比较重，如果没有掌握快速书写的技能，这种负担会更加沉重。比如课堂上跟不上老师的速度记录笔记，课后完成作业用时过多，考试因书写太慢而答不完试卷等，这些现象都与书写技能有关。可以说书写技能是我们借以掌握知识的工具，这种工具所处的状态将决定我们能否有效而合理地使用时间。那些书写速度慢的同学对此应引起足够的注意，自觉地加强这方面的训练，尽快掌握这一技能。当然，快速书写的同时还要保证字迹的清楚与规范。

3.学会做笔记

做笔记是一种与动手相结合的学习行为，有助于对知识的理解和记忆，是一种必须掌握的技能。中学生的学习笔记主要有课堂笔记、读书笔记和复习笔记等，课堂笔记应注意结合教材进行记录，不能全抄全录老师的板书。读书笔记应注意做好圈点勾批，所谓"不动笔墨不读书"。复习笔记应注意做好知识的归纳整理，理清知识结构和联系。还需要指出的是，不论哪种笔记都要做好疑难问题的记录，便于集中处理。

另外，提高学习效率还应该做到：

1.每天保证8小时睡眠

晚上不要熬夜，定时就寝。中午坚持午睡。充足的睡眠、饱满的精神是提高效率的基本要求。

2.学习时要全神贯注

玩的时候痛快玩，学的时候认真学。一天到晚伏案苦读，不是良策。学习到一定程度就得休息、补充能量。学习之余，一定要注意休息。但学习时，一定要全身心地投入，手脑并用。我们学习的时候要常有陶渊明的"虽处闹市，而无车马喧嚣"的境界，只有我们的手和脑与课本交流。

学习效率的提高最需要的是清醒敏捷的头脑，所以适当的休息、娱乐不仅是有好处的，更是必要的，是提高各项学习效率的基础。

3.坚持体育锻炼

身体是学习的本钱。没有一个好的身体，再大的能耐也无法发挥。因而，再繁忙的学习，也不可忽视锻炼。有的同学为了学习而忽视锻炼，身体越来越弱，学习越来越感到力不从心。这样怎么能提高学习效率呢？

4.保持愉快的心情，和同学融洽相处

每天有个好心情，做事干净利落，学习积极投入，效率自然高。另一方面，把个人和集体结合起来，和同学保持互助关系，团结进取，也能提高学习效率。

5.注意整理

孩子学习、做功课需要有一个好的环境，一张自己的书桌是必不可少的。把书桌变成孩子感兴趣的地方，就会使孩子对经常在书桌上进行的学习活动感兴趣。书桌要整洁，抽屉里要备有做各门功课所需的工具，这样当他需要时，立刻就能找到，不会因为缺少某件工具而中断学习，心生烦躁。书桌美观舒适，孩子一有时间就会坐到这里开始他的学习活动。

有的家长经常向老师反映孩子在家做作业速度慢，经常做作业做到十一二点，不知如何是好。当老师问及孩子在家怎样做作业的时候，有的讲孩子一边做作业一边看电视，有的讲孩子一边玩一边做作业，有的讲孩子一边做作业一边听大人讲话等。这些原因都是造成孩子做作业速度慢的因素。由于外界干扰大，孩子的精神难以集中。有大人在他身边讲话，就不能够好好地集中精神做作业，速度就会慢。无论什么原因，家长都必须消除可能影响孩子完成作业的干扰因素，给孩子一个比较安静的环境去学习。

学习过程中，把各科课本、作业和资料有规律地放在一起。待用时，一看便知在哪。而有的学生查阅某本书时，东找西翻，不见踪影。时间就在忙碌而焦急的寻找中逝去，做事没有条理的学生学习不会学得很好。

方法十四　养成良好的习惯

世界最伟大的作家、《羊皮卷》的作者奥格·曼狄诺说："事实上，成功与失败的最大分别是来自不同的习惯。好习惯是开启成功的钥匙，坏习惯则是一扇向失败敞开的门。"

习惯是一种长期形成的思维方式、处事态度。习惯是由一再重复的思想和行为形成的。习惯具有很强的惯性，像轮子的转动一样。人们往往会不自觉地启用自己的习惯，不论是好习惯还是不好的习惯，都是如此。习惯的力量不经意间会影响人的一生。

成功和失败，都源于你所养成的习惯。

有一位禅师，带领一帮弟子来到一片草地上。他问弟子们，怎么可以除掉草地上的杂草。弟子们想了各种办法，拔、铲、挖等。但禅师说，这都不是最佳办法。因为"野火烧不尽，春风吹又生"。

什么才是最好的办法呢？禅师说："明年你们就知道了。"

到了第二年，弟子再回来发现，这片草地长出了成片的粮食，再也看不见原来的杂草。弟子们才明白最好的办法原来是在草地上种粮食。

这是禅师的智慧——用粮食根除杂草。我们在培养习惯时，是否可从禅师那里领悟借鉴呢。好习惯多了，坏习惯自然就少了。

习惯的养成并非一朝一夕之事，而要想改正某种不良习惯，也常常需要一段时间。根据专家的研究发现，21天以上的重复会形成习惯，90天的重复会形成稳定的习惯。所以一个观念如果被别人或者是自己验证了21次以上，它一定会变成你的信念和习惯。

习惯的形成大致分成三个阶段：

第一个阶段是1～7天左右，这个阶段的特征是"刻意，不自然"。你需要十分刻意地提醒自己去改变，而你也会觉得有些不自然、不舒服。

第二个阶段是7～21天左右，这一阶段的特征是"刻意，自然"，你已经觉得比较自然，比较舒服了，但是一不留意，你还会回复到从前，因此，你还需要刻意地提醒自己改变。

第三阶段是21～90天左右，这个阶段的特征是"不经意，自然"，其实这就是习惯，这一阶段被称为"习惯性的稳定期"。一旦跨入这个阶段，你就已经完成了自我改造，这个习惯已成为你生命中的一个有机组成部分，它会自然而然地不停为你"效劳"。

既然习惯如此重要，那如何养成好的习惯呢？养成习惯有一些方法：

1. 明确要培养的好习惯

找一个不被打扰的地方，用20分钟的时间列出你的"不良习惯一览表"。接着再用20分钟列出"好习惯一览表"。然后认真分析一下哪些要改，打算如何改；哪些要培养，打算如何培养。注意这是第一步，一定要明确。你的看法越坚定、清楚，你的习惯培养或改正就有越大的力量。

2. 潜意识输入法

这是很有威力的一个方法，笔者平时就有应用。有时出差，需要比平时早起，比如6点钟起床，平时是习惯于7点起床，6点是未必醒的。为了6点能准时起床，在晚上临睡的时候就和自己的头脑说："明天要6点起床。"然后想了一下6点起床

的情境，让自己头脑得到清楚的确认，这样在第二天的6点就能准时起床啦。你将自己想养成的习惯输入自己的头脑，潜意识会提醒你去做。

3. 视觉法

将要培养的习惯化成图案记于心中。贴墙上、写于笔记本首页、放于垫玻璃的桌面等，就是增强视觉的方法。为了加强自己的习惯培养，可以制作一些卡片、图片，把它们放于自己方便看到的地方，起到对自己时刻提醒的作用。

4. 行动法

行动，重复地行动，和自己说"我做得到"、"我要去做"，如果你能连续行动21天，你就会发现习惯已经基本培养起来了。

5. 请人帮助法

请人监督或向亲友许诺，也会有不错的效果。运用上述方法，你就会渐渐养成成功者的习惯。

奥斯特洛夫斯基说："人应该支配习惯，而绝不能让习惯支配人，一个人不能去掉他的坏习惯，那简直一文不值。"

当你一味追求快速成功、渴求拥有大智慧时，往往拥有了良好的习惯才是步向成功的钥匙。好习惯一旦形成，它就极具稳定性。心理上的行为习惯左右着我们的思维方式，决定我们的待人接物；生理上的行为习惯左右着我们的行为发生，决定我们的生活起居。

世界著名心理学家威廉·詹姆士这么说的：

播下一个行动，收获一种习惯；

播下一种习惯，收获一种性格；

播下一种性格，收获一种命运。

可见，好的习惯是十分重要的，它可以让人的一生发生重大变化。满身恶习的人，是成不了大气候的，唯有有好习惯的人，才能实现自己的远大目标。

学习成绩的好坏，往往取决于是否有良好的学习习惯。孩子贪玩、打游戏上瘾、注意力不集中，我们千方百计只是为了消灭这些现象，而产生这些现象的环境、心态并没有改变。可能在一段时间内，你的孩子表现挺好，过一段时间后，老毛病又犯了。

从教育的观点来看，越小的孩子越容易教育，教育对一个孩子的可塑性是有限的。当孩子身上有一个不良行为时，是很容易改正的，把这种行为转变为习惯时，也是可以改变的，只要努力矫正21次。但习惯转化为性格，就难以改变了。古话讲："江山易改，本性难移。"

美国心理学家研究发现，把孩子的行为转化为习惯的平均次数是21次。

自私、懒惰、粗心、注意力不集中是城市孩子在发展中面临的危机。

一、影响学习习惯的几种现象

1. 第一种现象——从孩子吃饭时看电视谈孩子注意力的培养

端着饭碗看电视的习惯延伸到学习上就会边听老师讲课边做小动作。

孩子注意力不集中是许多父母头痛的问题，孩子不专心通常表现为两种情况：其一是注意力飘浮不定，专注的目标会经常转移；其二是心不在焉，常沉浸于白日梦而忘记眼前的事情，后者其实不是注意力不集中，只是将注意力放错。只要家长用心纠正，使他们将心事转移到主要事情上去，往往会有惊人的表现和成就。

怎样培养孩子的注意力呢？

（1）从生活习惯方面，培养孩子良好的行为习惯。采取的方式也不是疾风暴雨，而是从小事把握。比如要求孩子准时就寝、起床；按时饮食，吃饭碗里不要留饭；玩具用过就放回原处；做事要认真做好，否则重来……离开了细节就没有教育。但也不是所有的小事都要管，而是选择那些对孩子的成长、品质的形成具有本质意义的"小事"。

（2）孩子从未见过、听过的事物，都能以独特的魅力吸引孩子的注意。因此，

应把孩子带入大自然观看奇花异草和造型奇特的建筑，培养孩子的兴趣。兴趣是观察、专心的动力。要帮助孩子确定观察的目的和任务，因为儿童喜欢东张西望，目的性不强，抓不住要领，因而得不到收获。因此，家长应有意向孩子提出一些要求和目的，告知方法，引导孩子抓住本质，从浅入深，专心致志。

（3）有意识地培养孩子的自我控制能力，使注意力服从于活动的目的和任务。家长可以通过孩子在一段时间内专心做一件事，如绘画、练琴、练书法等，来培养孩子的自制力。不要一会儿叫做这事，一会儿又叫做那事。训练最好有固定的时间和固定的地点，以便形成一种心理活动的定向。

（4）孩子对某事物的兴趣越浓，越容易形成稳定和集中的注意力。家长不要整天把孩子关在房间里学习，要鼓励他们从事各种活动，让他们在活动中发掘和发展自己的能力及兴趣，并借以培养自己的注意力。

（5）作息不定时、生活无规律是孩子注意力分散的主要原因。学习是脑力劳动，要消耗大量的脑内氧气，若望子成龙心切，整天强迫孩子长时间从事单调的学习活动，必然造成孩子大脑疲劳而精神分散。因此，合理制定孩子的作息时间，让孩子明确什么时候可以尽情地玩，什么时候必须专心完成学习任务，养成劳逸结合的好习惯。

同时，要创造安静的家庭学习气氛，要让孩子专心学习，不要做分散孩子注意力的事，如看电视、大声议论或哈哈大笑等。在孩子学习时，不要过度关心地唠叨，问这问那，更不要在孩子学习的房间接待客人，干扰孩子，使他无法集中注意力。

当孩子全神贯注地做某件事时，成人不应随意地去打扰孩子。我们经常会看到，孩子正聚精会神地玩着插塑或搭积木，爸爸走过来问一问吃饱了吗，一会儿，奶奶又走过来让孩子去喝果汁，又一会儿，妈妈又叫他帮忙去拿样东西。孩子短短几分钟的活动被大人们打断数次，时间一长，自然无法集中注意力。所以，在孩子专心做事时,家长最好也坐下来做些安静的活动,切忌在旁边走来走去,打扰孩子。

2.第二种现象——从做家庭作业谈独立思维的培养

小学时孩子喜欢坐在一起做作业,初中老师要求在自习课独立完成作业。一位初一老师做了一个实验,故意在作业里出一道初三的题,结果全班同学都做对了,难道不是互相抄来的吗?独立思维能力在初中的下降,体现在高一就是噩梦的开始,成绩一滑再滑,止不住下滑。所以,初、高中学习对比,如果课堂上有问题,初中生举手向老师提问,而高中生课堂上有问题不能提问,要自己思考,实在想不出来再问老师。在课堂上喜欢向老师问问题的高中学生不是好学生。

只要是学生,几乎天天都要做作业。可是,到底为什么做作业和怎样做作业,不少人仍有很大的盲目性。有的同学认为作业是老师布置的,还要判分数,所以要做作业。有的同学把作业当成了负担,视为一门苦差事。其实,做作业的目的很明确,一是用来检查课堂学习的效果,二是加深对知识的理解,三是培养分析问题和解决问题的能力。通过做作业,不仅使学生学会运用刚学到的知识,而且也培养了思维能力。

进入中学阶段以后,人的智力发育在生理上基本成熟起来,已经从具体的形象思维过渡到以抽象的逻辑思维为主了。尤其是初中阶段,是发展抽象逻辑思维能力的重要阶段。在这个时期,这一能力的水平如何,常常是学习水平高低的重要标志。我们中学生,不论是学理还是学文,都不能忽视抽象思维能力。

1609年,荷兰的一个磨眼镜片的工人里泼斯,无意中透过两块镜片来看各种物体的时候,发现远处的东西好像就在眼前,于是他发明了世界上第一个望远镜。可是,他缺少知识基础,更缺乏抽象思维能力,不会从这两个镜片的偶然组合中抽象出所隐含着的普遍规律。当伽利略得知这一消息之后,凭着他的渊博知识和高度的抽象思维能力,很快就研制了放大32倍的望远镜,并用来做天文观察,证实了行星是绕太阳运转的。

法国作家左拉说过一句话:"生命的全部意义在于无穷地探求尚未知道的东

西。"所以，我们中学生不应当满足于课本上的知识，要做新的探索，发展自己的思维品质。

中国科学院应用数学研究所的研究生王凯宁，在读中学时就具有这种深入探求的创造能力。平面几何课讲到梯形的面积时，他看着老师在黑板上写的公式 $S = Lh$（梯形面积＝中位线×高），头脑里就积极思维起来，想着想着，他站了起来，问老师："能不能把圆环看成是一个弯曲了的梯形的黏合。那么由梯形面积公式可以得到圆环的面积公式也是 $S = Lh$，这时的 L 是中部的圆周长，h 就是环的厚度。"

老师要王凯宁讲讲几何道理。王凯宁说："一条曲线，当它很短时，都可以看作近似的直线。而一条曲线是由许多短曲线组成的，所以圆形可以看作许多近似直线连成的图形。"

王凯宁积极创造性的思维是他取得成就的重要因素。

3.第三种现象——包办式教育

比方，放学后，家长把饭做好了，孩子吃完饭后把嘴一抹，不洗碗，周末不洗衣服，家长包办。结果是孩子认为自己不做的是家长应该做的。反过来，吃完饭后，家长开始看电视了，孩子走进自己的小房间，他会有种强烈的想法，认为一家三口他最累，因为他学习时家长在看电视，早晨他六点就起床了，家长还在睡大觉，他一天起早贪黑为了谁呀，为了这个家，他才是最劳苦功高的人。所以包办式教育容易使学生的学习动机出现偏差。

图14-1

5岁：孩子，我给你报了少年宫。

7岁：孩子，我给你报了奥数班。

15岁：孩子，我给你报了重点中学。

18岁：孩子，我给你报了高考突击班。

23岁：孩子，我给你报了公务员。

32岁：孩子，我给你报了相亲聚会……

"中国式父母"描述了不少中国孩子的成长历程，引起了很多人的共鸣。然而这种"以爱为名"的程序并不能得到所有人的认可，网络上甚至掀起了一轮对"包办人生"的讨伐。

我国著名教育家叶圣陶说过，"教是为了达到不需要教"，意思是教师向学生传授知识和学习方法，最终是让学生能够不依赖教师，自己去发现、掌握学习规律，独立求知，达到"不需要教"的目的，而不是事事都由教师"包办代替"。

教育专家、山东女子学院董旭花教授则在接受采访时给家长提了几点建议。首先家长放手，不要管得太多、太细，给孩子更多的信任，让孩子自我成长；其次，多注意与孩子的沟通技巧，不要教条式地教育，孩子的年龄不一样，沟通的方式方法更要注意；最后希望家长和孩子一起成长、一起学习、一起快乐。

父母和子女之间最好的关系，正如某作家曾写过的："我慢慢地、慢慢地了解到，所谓父母子女一场，只不过意味着，你和他的缘分就是今生今世不断地目送他的背影渐行渐远。你站在小路的这一端，看着他逐渐消失在小路转弯的地方，而且，他用背影告诉你：不必追。"

针对这种包办，一些教育界人士无不担忧着，包办教育下，孩子缺失的可能不仅仅是独立的生活态度，还有自主性、能力。

不让孩子输在起跑线上也许是家长们包办孩子的原始动力，而当包办成为一种习惯后，包办的就不仅仅是学习了。

方法十四 养成良好的习惯

陈静是一名公司会计，看到身边的人不断让孩子学这学那时，她感到了压力，认为什么都不学的孩子将来会很"吃亏"。于是，从启智班开始，她为孩子报了各种各样的补习班、兴趣班，并每天接送孩子奔忙于各类学习班。如今孩子已小学三年级，除了学习，陈静还习惯帮孩子收拾书包、洗澡洗头、拿书包、帮她解决她和同学之间的小矛盾。孩子也早已习惯了什么事都向她请示、拿主意：妈妈，我明天穿什么衣服；妈妈，我能先玩一会儿再写作业吗……

4. 第四种现象——老师教不了自己的孩子

为什么老师能教学生考上重点大学，而自己的孩子没考上重点大学。上小学时，孩子有一道题不会，家长替孩子把题解了，还很高兴，认为自己给孩子补了一个知识点。没错，孩子是得到了一个知识点，但我们交的学费太昂贵了，我们是用习惯为代价得到一个知识点。其实知识不重要，我们千方百计学知识、补漏洞，却永远不明白为什么出问题了，也就是桶底漏洞没补的话，从桶底下掉一个我们捡一个，很累。所以知识并不重要，有比知识更重要的是学习的方法。中国古代有句话叫做"授人鱼，不如授人以渔"。给人鱼吃，不如教他钓鱼的方法。

做教师的教育不好自己的子女，社会人可能很难理解，然而现实中就有相当一部分教育工作者无法教育好自己的孩子，甚至一些知名的教育专家、名教师也在自己子女的教育方面出现问题，把这一现象称为教师子女教育"灯下黑"现象。

有一个同事，多年任教高三，是学校出类拔萃的优秀教师，曾教过自己的弟弟和妹妹。说起他当年对弟弟和妹妹的教育和指导，这位教师现在依然愧疚不已。别的学生问问题时，自己总是想方设法讲明白，当学生听不懂时，自己总不断反思讲解方式是否恰当，而当自己的弟弟、妹妹问问题时，经常问题还没讲完，那边已是泪流满面。他反思说："是自己对他们有更多的期待？还是觉得这个问题他们早就应该搞懂？总之，自己总是有意无意地用一种训斥和责备的口气和自己的弟弟、妹妹交流。每次讲过问题之后，我都告诫自己以后不要这样，可是新的交流进行不了几分钟就又故态复萌。"

分析这一现象，主要有以下几个原因：

一是角色的迷失。教师家长，在学校是教师，是班主任，在家里的身份应该是父亲和母亲。而我们有些教师家长在家里常常是摇摆在两种角色之间，使得自己的孩子经常产生心理错位，无所适从。

二是教师是一个为人梯、为社会奉献的职业，我们有些教师，特别是知名教师，他们把自己全部的爱心和精力都投入到钟爱的事业和学生身上，而对自己的子女关注较少，从而导致自己的孩子得不到及时指导和帮助。

三是有的教师对自己的子女期望太高，要求太高，不考虑孩子的个人兴趣与爱好，而是不切实际地把自己的意愿强加到孩子身上。这种望子成龙的心情可以理解，但往往会使自己的孩子失去发展的动力和愿望。

四是有的教师对自己的子女教育缺乏耐心，批评多，鼓励引导少。久而久之，不仅子女听不进教师家长的训斥，还可能产生对立和抵触的情绪，有了逆反心理也就不足为怪了。

五是有的教师不研究思考教育子女的方法，特别是出现问题以后，不能够客观地分析原因，采取有针对性的措施，而是一味地指责训斥自己的子女，这样肯定于事无补。

教师家长要把握好自己的角色和心态，在自己的家庭教育中少一些教师的尊严，多一些亲情的关爱；少一些教条的思维灌输，多一些慈爱的情感滋润；少一份苛刻的要求，多一份宽容的理解；少一份批评，多一份鼓励；少一份烦躁，多一份耐心；努力给自己的孩子营造一个温馨、轻松、自然、能安全放飞自己心灵的空间。

二、现代教育习惯

1. 小学习惯教育

1978年，75位诺贝尔奖获得者在巴黎聚会。有人问其中一位："你在哪所大学、

方法十四　养成良好的习惯

哪所实验室里学到了你认为最重要的东西呢?"出人意料,这位白发苍苍的学者回答说:"是在幼儿园。"又问:"在幼儿园里学到了什么呢?"学者答:"把自己的东西分一半给小伙伴们;不是自己的东西不要拿;东西要放整齐,饭前要洗手,午饭后要休息;做了错事要表示歉意;学习要多思考,要仔细观察大自然。从根本上说,我学到的全部东西就是这些。"

这位学者的回答,代表了与会科学家的普遍看法。把科学家们的普遍看法概括起来,就是他们认为终生所学到的最主要的东西,是幼儿园老师给他们培养的良好习惯。习惯是行为的自动化,不需要特别意志努力,不需要别人的监控,在什么情况下就按什么规则去做,习惯一旦养成就会成为支配人生的一种力量。培养幼儿良好的学习习惯是在幼儿之后入小学,这是学习过程中重要的一个时间段。

叶圣陶先生说过:"好习惯养成了,一辈子受用;坏习惯养成了,一辈子吃它的亏,想改也不容易。"习惯伴随着人的一生,影响人的生活方式和个人成长的道路。习惯对人极为重要,从某种意义上说,"习惯是人生最大的指导"。幼儿良好学习习惯的形成要有一个循序渐进的过程,要求从易到难,逐步认识,逐步积累,逐渐定型。培养幼儿良好的学习习惯,我们首先从环境创设入手,为幼儿营造良好的学习文化氛围,充分发挥环境和氛围对孩子学习生活的促进作用。

关于学习行为习惯的培养,要从孩子良好的学习行为开始,从听、说、读、写等方面入手:

(1) 培养幼儿学会上课

利用形象直观的教育方法,让幼儿身体端正、认真听讲、举手发言、不随便插嘴、按照老师的要求去做等,上课利用图片和简短的文字搭配,如"我会听讲"、"我发言前先举手"、"不乱插嘴"等,潜移默化地来对孩子产生影响。幼儿听课时的正确姿势是:身子上半部坐直,头部端正,目视前方,两手随意放在身体两侧,两腿平放,胸膛挺起。坐姿正确,做到"一直一正二平",即身体直,头正,肩平,腿平。

然后在教育活动中教师细心指导，反复训练，认真检查，严格督促，告诉孩子，不要趴在桌上或者跷脚、架腿等，最终使幼儿懂得良好的听课姿势有利于骨骼生长，有利于身体健康。

（2）培养幼儿学会听话和说话

即耐心听别人把话说完，大胆说给别人听，认真回答别人的问话，说话时声音要大，要让别人听见。分别把生活中表现好的幼儿真实情况以图片、影像的形式呈现，并配合相应文字，使幼儿更加明确在听别人说话和自己说话时应注意的问题。

（3）学会正确的书写姿势——"三个一"

利用形象教孩子正确书写姿势，以图片和文字"我会写字"相结合，使幼儿认识握笔的正确姿势，大拇指和食指夹住笔杆，其余三指托住，笔杆向后稍斜，靠在虎口处。做到"三个一"：眼离书本一尺；胸离桌子一拳；手离笔尖一寸。孩子基本上习惯于正确的坐姿与执笔姿势后，还要时时提醒，经常观察、示范，直到孩子养成正确的执笔、书写习惯。要寓教于玩中、乐中。

（4）学会爱惜学习用品

良好学习习惯的形成不仅要靠环境因素的潜移默化影响，更需要让孩子多次反复实践，才能形成和巩固，成为习惯。在日常生活中，还要随时寻找机会，创造条件，有意识地鼓励幼儿进行正确行为的反复练习，适时给予帮助和指导，监督幼儿在实践中巩固好的行为，摒弃不良行为，激发幼儿的学习意识，促进幼儿形成良好的学习习惯。

6岁以前是爷爷奶奶教育的孩子学习习惯比不是爷爷奶奶教育的孩子学习习惯差很大一截。小学6年主要完成习惯教育。少年班现象就是13岁考大学，这些孩子用6年时间学12年的课程，而我们的孩子用12年时间学12年的课程，还有大量的学生利用周末进行补课。为什么还学不好？全国少年班研讨会上，很多家长以

方法十四　养成良好的习惯

为上少年班的学生是智商高于130的孩子。实际上，一位知名少年班专家认为，对小学一二年级选才标准不是学习成绩，而是学习习惯。小学6年结束后，评价学生学习好坏用什么呢？不用分数，用学习习惯。国家教委发布数据，86.3%的小学生学习习惯不合格。

叶圣陶指出："教育就是培养习惯。"小学阶段在人的一生中正处于播种时期，在播种思想、播种知识、播种行为的同时，必须重视播种良好习惯。在大力推进素质教育的今天，小学教师必须把良好习惯的养成教育列入素质教育的重要内容，与提高学生德、智、体、美、劳等方面素质相结合、同始终，而且需要与家长、社会密切配合。从养成教育的重要意义、工作的细密程度以及着力矫正过去普遍忽视状况等几方面综合思考，当前把培养良好习惯作为小学教育的第一要务并不为过，换言之，怎么强调都不过分。

2. 初中的教育称为方法教育

初中三年让孩子养成自学能力，要有学习计划。没有习惯的孩子，方法教育就会出现问题。没有习惯，只有方法，坚持不了几天就放弃了。

掌握正确的学习方法、养成良好的学习习惯是学习成功的必经之路，与小学生相比，初中生的学习方法显得更加多样和复杂，学习内容的变化要求初中生做到学会合理安排自己的学习时间，以免造成学习上的忙乱，尽快适应初中学习。

"入学时进了全年级组前30名，期中考试后退到200多名，准是没有认真学习。"前几天，各中学期中考试成绩一下来，一位家长看到上初一的孩子来了个"开门黑"，便一筹莫展，学校举办家长会，家长感觉没有面子，也不愿参加。石家庄市20中教学主任鄢桂凤老师介绍，初一上学期能否尽快适应新的学习环境，对整个中学阶段的学习将起到非常重要的作用，初一学生考试成绩下降，在很大原因上是还没有适应初中学习，这时父母抱怨、责骂是没有意义的，应该积极帮助孩子尽快适应新的学习环境。

从小学到初中，孩子要实现三个方面的转变：

（1）学习方法的转变

小学阶段，学生的学习科目相对较少，能按时完成作业就可以了，以语文为例，只要把课本上的知识基本掌握，考试就不成问题。但初中阶段，课程设置增多，考试题更为灵活，讲究活学活用，学生必须改变以往写完作业万事大吉的做法，主动复习当天所学的知识，除了老师所留的作业，还应该做一些教学辅导资料，加深理解，拓宽知识面，由依赖性学习向主动、独立性学习转变。

（2）生活习惯的转变

中学课程紧、内容多，学生生活上必须有规律，紧张起来，制定适合自己的作息时间表并自觉遵守，保证作息有规律。

（3）看电视的转变

一些家长不许孩子看电视，其实翻翻一些高、中考题就会发现，部分考题与电视有不小的联系，如上海市近年高考题有一题目就是让考生推荐看一部电影（电视剧或戏曲），因此学生应将电视作为学习的工具，有目的、有意识地看，不能在电视前一看就是一两个小时或总看一些连续剧，应选择与学习有关的积极向上、能陶冶情操的影视节目。

3. 高中阶段的教育是能力教育

能力教育与方法教育的关系，打个比方说，一个不会走的孩子到高中是跑不起来的。所以我们说，在小学和初中没有形成好的学习习惯和方法，到高中就是噩梦的开始，学习成绩会一滑再滑。好多孩子在初中经常靠时间堆，没有形成好的方法，即使能考上高中，结果也不会满意。所以现在初升高的暑假补课很热，对于有习惯和方法的同学可以，对于那些没有形成很好习惯和方法的同学就不适用了，而且从此就会步步下滑。

学习习惯是在学习过程中经过反复练习形成并发展，成为一种个体需要的自

方法十四　养成良好的习惯

动化学习行为方式。良好的学习习惯有利于激发学生学习的积极性和主动性；有利于形成学习策略，提高学习效率；有利于培养自主学习能力；有利于培养学生的创新精神和创造能力，使学生终身受益。以下介绍一些良好的学习习惯，以供同学们参考：

(1) 主动学习的习惯

别人不督促能主动学习，一学习就要求自己立刻进入状态，力求高效率地利用每一分钟学习时间。要有意识地集中自己的注意力用于学习，并能坚持始终。

(2) 及时完成规定的学习任务的习惯

要在规定的时间内完成规定的学习任务。把每个规定的学习时间分成若干时间段，根据学习内容，为每个时间段规定具体的学习任务，并要求自己必须在一个时间段内完成一个具体的学习任务。这样做，可以减少乃至避免学习时走神或注意力涣散的情况，有效地提高学习效率。还可以在完成每个具体学习任务后，产生一种成功的喜悦，使自己愉快地投入到下一时间段的学习中去。

(3) 各学科全面发展，不偏科的习惯

现代社会迫切需要的是发展全面的复合型人才，所以要求中学生要全面发展，不能偏科。这就要求中学生对自己不喜欢的学科更要努力学习，在学习中不断提高兴趣。对不喜欢的学科或基础比较薄弱的学科，可以适当降低标准，根据自己的实际情况，确立经过努力完全可以实现的初期目标、中期目标、远期目标，然后要求自己去完成。这是克服偏科现象的有效方法。

(4) 预习的习惯

课前预习可以提高课上学习效率，有助于培养自学能力。预习时应对要学的内容认真研读，理解并应用预习提示、查阅工具书或有关资料进行学习，对有关问题加以认真思考，把不懂的问题做好标记，以便课上有重点地去听、去学、去练。

（5）认真听课的习惯

上课时，老师不仅用语言传递信息，还会用动作、表情传递信息，用眼神与学生交流。因此，中学生上课必须盯着老师听，跟着老师想，调动所有感觉器官参与学习。能否调动所有感觉器官学习，是学习效率高低的关键性因素。上课要做到情绪饱满，精力集中；抓住重点，弄清关键；主动参与，思考分析；大胆发言，展示思维。

（6）多思、善问、大胆质疑的习惯

学习要严肃认真、多思善问。"多思"就是把知识要点、思路、方法、知识间的联系、与生活实际的联系等认真思考，形成体系。"善问"不仅要多问自己几个为什么，还要虚心向老师、同学及他人请教，这样才能提高自己。而且，还要在学习的过程中，注意发现问题、研究问题，有所创造，敢于合理质疑已有的结论、说法，在尊重科学的前提下，敢于挑战权威，要做到绝不轻易放过任何一个问题。要知道"最愚蠢的问题是不问问题"，应该养成向别人请教的习惯。

（7）上课记笔记的习惯

在专心听讲的同时，要动笔做简单记录或记号。对重点内容、疑难问题、关键语句进行"圈、点、勾、画"，把一些关键性的词句记下来。有实验表明，上课光听不记，仅能掌握当堂内容的30%，一字不落地记也只能掌握50%，而上课时在书上勾画重要内容，在书上记有关要点的关键的语句，课下再去整理，则能掌握所学内容的80%。

（8）课后复习的习惯

课后不要急于做作业，一定要先对每一节课所学内容进行认真的复习，归纳知识要点，找出知识之间的联系，明确新旧知识之间的联系，形成知识结构或提要、步骤。主动询问，补上没有学好的内容。对不同的学习内容要注意进行交替复习。

（9）及时完成作业的习惯

按时完成老师布置的作业和自己选做的作业，认真思考，认真书写，一丝不苟，

对作业中存在的问题，认真寻找解决的办法。作业写完后，要想一下它的主要特征和要点，以收到举一反三的效果。作业错了，要及时改过来。

(10) 阶段复习的习惯

经过一段时间的学习，要对所学的知识进行总结归纳，形成单元、章节知识结构，在大脑中勾画图式。这是使知识系统化、牢固掌握知识、形成学科能力的重要一环。

(11) 自觉培养创造性思维能力的习惯

创造性思维能力是人的智力高度发展的表现，是创新能力的内核，是实现未来发展的关键。

中学生应该随时注意运用如下步骤培养创造性思维能力：

①界定自己所面临的问题；

②搜集相关问题的所有信息；

③打破原有模式，从八个方面尝试各种新的组合。包括改变方向、改变角度、改变起点、改变顺序、改变数量、改变范围、改变条件、改变环境等；

④调动所有感觉器官参与；

⑤让大脑放松，让思维掠过尽可能多的领域，以引发灵感；

⑥检验新成果。

以上六步是解决作业难题的有效方法。

学无止境，同学们在学习过程中要善于总结自己的学习经验，也要善于借鉴他人比较好的学习经验为己所用。聪明的你一定能找出适合自己的一套学习方法，乘风破浪，早日达到胜利的彼岸。

4. 引导孩子学会学习

吸引孩子热爱学习、引导孩子学会学习是父母的一项重要职责，也是父母的真正魅力所在。

（1）孩子厌学是有原因的

放任不管，任其潇洒；乱管瞎管，种瓜得豆；唠叨数落，肆意打骂；代替包办，制造"机器"……父母若采取如此种种不明智的做法，只会使孩子越来越不爱学习。

孩子不爱学习只是表面现象，背后一定有原因：是不是没有养成良好的学习习惯？是不是没有找到孩子最擅长的方面？是不是没有科学用脑？是不是父母阻碍了孩子的"玩中学"的天性？是不是孩子没有意识到学习是他自己的事情……找到背后的原因，才可能帮助孩子走出厌学的阴影。

（2）孩子的求知欲和学习潜能是可以激发的

孩子缺乏求知欲，通常不是父母的影响或者严格要求不够，而是阻塞了孩子的兴趣。

兴趣（好奇心）、梦想、成就感、质疑、感恩、发奋等都是疏通和启发孩子求知欲的通道。而对于孩子来说，所谓竞争优势就是潜能得到有效的开发而已。心情、开窍、暗示、遐想、砥砺、计划是激发孩子学习潜能的六大原则。

潜能开发虽没有绝对的"时间表"，但也有步骤，比如建立目标、控制情绪、磨砺意志、专注于一点等都是非常重要的。

（3）孩子考第一是有方法的

"爱学"是"会学"的前提，而"会学"是"爱学"的保证，"会学"才能"学好"。

孩子要想考第一，必须要掌握一些具有决定性作用的好方法，如按计划完成任务、认真写字、经常看课本、整理错题、随手做笔记、无私帮助同学、高效率考试、自由自在地写作文等。

现在很多父母在教育孩子的问题上步入了一个新的误区，即盲信盲从，甚至痴迷于所谓成功教子的家教经验，这些经验听着容易，做起来难。因为它们没有"可迁移性"，如果只是一味地克隆、模仿，不但不能落实到自己孩子的身上，反

方法十四　养成良好的习惯

而容易"邯郸学步"，适得其反。

最有用的真东西是需要静下心来思考、提炼的。教育孩子并没有父母想象得那样复杂，抓好了亲子关系、习惯培养、学习这三件大事，父母成为杰出的父母、孩子成为杰出的孩子就都不是遥远的梦幻了。

三、习惯决定成败

俄国著名教育学家乌申斯基说："你有了好的习惯，一辈子都享受不尽它的利息；你有了坏习惯，一辈子都偿还不完它的债务。"

心理学家指出，习惯形成性格，性格决定命运。换言之，有什么样的习惯必然会有什么样的性格，有什么样的性格就会有什么样的命运。

楚霸王项羽固然是一个令人佩服的英雄，但是他的由强转弱，由胜转败，最终失去天下，却又是令人扼腕叹息的。而这一切都是由他的性格决定的，也就是说是由他的习惯决定的。项羽习惯于征战沙场，而不习惯于运筹帷幄；习惯于刚愎自用、独断专行，而不习惯于广开言路、集思广益；习惯于将胜利归功于己，不习惯在战败时吸取教训，更不习惯以"前事"为"后事"之师，而是习惯于将错误全部归于外因，至死仍执迷不悔，认为"此天亡我，非战之罪也"。而刘邦则与他有相反的习惯，刘邦习惯于运筹帷幄，调度兵马，"善将将"；习惯于招贤纳士，博采众长；习惯于吸取教训，从败中求胜因，最终由弱转强，一举夺得天下，成就一代霸业。与其说楚汉之争是项羽与刘邦斗智斗力，不如说是二人习惯上的较量。因为从他们两个人的习惯行为上来看，胜败一目了然。可以说，习惯早已决定了他们的成败。

1. 什么是习惯

首先请看一个故事：

在印度和泰国随处可见这样荒谬的场景：一根小小的柱子、一截细细的链子拴得住一头千斤重的大象。那些驯象人，在大象还是小象的时候，就用一条铁链将它绑在水泥柱或钢柱上，无论小象怎么挣扎都无法挣脱。小象渐渐地习惯了不挣扎，直到长成了大象，可以轻而易举地挣脱链子时，也不挣扎。小象是被链子绑住，而大象则是被习惯绑住。

可见，所谓的"习惯"是指长期重复地做并逐渐养成的不自觉活动。习惯的力量很大，世界上最可怕的力量是习惯，世界上最宝贵的财富也是习惯。一个班级、一个企业、一个国家、一个民族是如此，对于人的一生，更是如此。生而为人，每个人都需要踏踏实实地做人，而良好的做人习惯正是帮助我们构建成功人生所必需的因素。

习惯的力量是巨大的，但习惯也是可以通过人的意志力改变的。意大利著名政治思想家马基雅维利说："人的性格和承诺都靠不住，靠得住的只有习惯。"培根在《论习惯》中举例证明："习惯真是一种顽强而巨大的力量，它可以主宰人生。"事实的确如此，人们无时无刻不在习惯的作用下行动，可以说习惯支配着我们每天的大多数活动。

正如拿破仑·希尔所说："习惯能成就一个人，也能摧毁一个人。"

习惯是人生中的一柄双刃剑，用得好，它会帮助我们轻松地获得人生快乐与成功；用得不好，它会使我们的一切努力都变得很费劲，甚至能毁掉我们的一生。所以能否改掉坏习惯、培养好习惯就是能否获取人生幸福的关键。

一个人的成就取决于习惯的好坏，好习惯能将你带入天堂，坏习惯也能将你送入地狱。既然习惯对于我们的人生来说是如此的重要，那么养成良好的习惯、摒弃不利于个人前途的习惯就变得愈益重要。

人们常说的性格决定命运，其实是在说习惯决定命运。我们性格的表现也就是我们的思维习惯和行为习惯，正是这两种习惯决定了我们的命运。

2. 习惯的形成

父子俩住在山上，每天都要赶牛车下山卖柴。老父较有经验，坐镇驾车，山路

崎岖，弯道特别多，儿子眼神较好，总是在要转弯时提醒道："爹，转弯啦！"有一次父亲因病没有下山，儿子一人驾车。到了弯道，牛怎么也不肯转弯，儿子用尽各种方法，下车又推又拉，用青草诱之，牛一动不动。到底是怎么回事？儿子百思不得其解。最后只有一个办法了，他左右看看无人，贴近牛的耳朵大声叫道："爹，转弯啦！"牛应声而动。牛用条件反射的方式活着，而人则以习惯生活。

习惯是潜意识的功能。我们学习游戏、跳舞或开车，是在意识的指导下一次次地重复动作，直到在潜意识中留下深深的"印迹"为止。然后，我们的潜意识会为我们产生自动的习惯动作。

其实生活中没有其他东西更能像习惯这样证实潜意识的神奇。习惯就像一根拴住你的绳子，在你每天重复这种行为时，这根绳子就会变得越来越粗，越来越控制住你，让你无法挣脱。于是你就成了你习惯的奴隶。所以习惯又被人们称为第二天性，它是潜意识对言行的自动反应。

那我们如何才能斩断这根绳索，让自己获得自由呢？

习惯是意识选择的结果。你选择了做某件事，并不断地重复，你的潜意识就认为你想做那件事，就让它变成你的习惯。到时候潜意识就提醒你该做那件事了，而潜意识提醒你的方式是强迫，是不讲道理的，逼你非要那样做不可。

比方烟瘾的形成，首先是你选择了抽烟，你开始抽烟，然后不断地重复抽烟，就在你的潜意识中留下深深的"印迹"，这时你的潜意识认为你想抽烟，它就将抽烟变成你的习惯，到时候它就提醒你该抽烟了，它怎么提醒你呢？它用强迫的方式，现在医学上已经证明，到时候它就使大脑不分泌内啡肽，不分泌内啡肽的时候，你就会浑身乏力，感觉疲倦，只有通过抽烟这种刺激，大脑才会又分泌出内啡肽。它就用这种方式强迫你。

习惯的形成是由意识选择的结果，既然是由意识选择的结果，那我们也可以再通过有意识的选择来改掉它。所以你有自由选择好的或者坏的习惯的权利。你的习惯只是你的选择。

以前笔者努力戒过很多次烟，但每次都是靠意志力来对抗烟瘾，这样可以暂时起作用，但一遇到哪天意志力稍有松懈的时候，烟瘾就更加难以克制，会变本加厉。

一天当我看到关于潜意识对人习惯作用的时候，我就想用潜意识的方法来戒烟。烟瘾既然是潜意识的功能，我想改变抽烟的习惯，我就必须要通过意识告诉潜意识我不想抽烟了。

我每天晚上睡觉前和第二天早上起床时，就闭上眼睛，通过呼吸动作让自己放松，放松以后，就自我暗示，我不要抽烟，我一定能够戒烟。然后再想象戒了烟以后，我的肺感觉空气很清新，做人很清爽，大家都愿意和我聊天。

戒烟的第一个星期最难，我慢慢克制了，长久地不抽烟，潜意识认为我真的不想抽烟了，它就接受了我改变习惯的要求，于是就让大脑开始正常分泌内啡肽，这样我就不必依赖抽烟而恢复正常了。

很多潜意识心理学家认为，运用潜意识的方法自我暗示、想象，对于戒毒也很有效。

3. 做一个有计划的成功者，去有计划地为自己塑造好习惯

当然，因为与之相对应的坏习惯已经十分顽固，因此要形成某些好习惯时，你可能需要花更多的力气同时去克服坏习惯。中国有句古训："江山易改，本性难移。"这句话的含义有两层：人的本性是很难改变的；人的本性虽然很难改变，但并非改变不了，只是难了一点而已。

改掉一个坏习惯为什么会这么困难呢？只是因为你的思想意识处在矛盾中，任何一种习惯的形成，是因为你在这样做时，会得到一时的快感，而且这种快感有无比的诱惑力，使它变得难以抗拒。所以要改掉一个坏习惯，首先，你就要激发自己的欲望，让要改掉一个坏习惯的欲望比想坚持它的欲望更强烈，这样你就已

方法十四　养成良好的习惯

经成功了一半。

假如我们的本性中有一些阻碍成功的因素，我们如果不改变，岂不是注定要失败？如果你对改变自己的劣根性没有信心，裹足不前，请扪心自问："我是要快乐与成功，还是要痛苦与失败？"不改变，就意味着失败；要快乐，要成功，就别无选择，只有立即改变。

成功其实是很简单的。重复的行为就能形成习惯，良好的习惯就能导向成功，所以，成功也就是简单的事情反复地做。人因梦想而伟大，因行动而成功。

失败的人往往依赖自己的感情，成功的人则遵照原理。若想培养一个好习惯，就当遵行原理。听任感情左右自己的人无法获得成功，但遵照原理的人绝不会失败。

习惯超越才能，它带有创造力，并决定未来，不良习惯产生不良结果，习惯彻底遵行了种瓜得瓜、种豆得豆的规则，创造人类的未来。习惯是行动的能量，习惯促使人不经思考就处理问题，已成型的习惯会不由自主地控制人，良好的习惯一旦形成，就会使人拥有充满自信的健康思考。

《圣经》中说："与智慧人同行的，必得智慧；和愚昧人做伴的，必受亏损。"在培养好习惯的同时必然要矫正不良习惯。我们会发现每个孩子其实有很多坏习惯，学习不好的孩子一定是学习习惯不好，品德有问题的孩子一定是品德习惯不好。

4.养成好的习惯

第一是从小事做起，注意细节。一个人的习惯好不好、素质高不高，往往反映在小事上。要明辨是非，随时提醒自己。比如，注意自己的站相、坐相、走相、吃相，注意每一次作业或考试写得工整，注意待人接物的礼仪，等等。一开始可能有点儿"累"，但用不了多久，你就习惯了，而且让你一辈子受益。

第二是开好头，不开坏头。习惯是通过过程养成的，而过程都有开头。只要是想好了准备做的事，就要果断地开头，不要拖，不要等。比如，打算背单词了，好！

开始背；打算写日记了，好！开始写。一段时间以后，你觉得它已经成为你生活的一部分了，甚至没有什么感觉，到时候就自然而然地去做了，好习惯就养成了。相反，坏事千万别开头。因为开了头就会对自己放纵了。对于电脑游戏，好玩，可它真耽误事。你要被它抓住了，陷在里面了，一时"好玩"了，一辈子可能就不"好玩"了，千万别迷上它。人是一种很奇怪的东西，有些事是他该干的，有些事是他想干的，要命的是，该干的往往不想干，想干的又往往不该干，怎么办？只能管住自己，想办法把想干的纳入该干的范围，把该干的有兴趣地干好。能比较自觉地这样做了，就是成熟了。

第三是咬牙坚持。开了好头就要持之以恒，遇到困难要咬牙坚持，千万不能松劲。

第四是创造好环境。可以几个人约定，也可以班级倡议，大家互相督促，把某些好的东西坚持下来，杜绝和克服那些坏的东西。这样做很有好处，不仅有利于养成好习惯，而且好朋友有了，好的集体风气也有了。

第五是不找借口。据说美国西点军校有一条规矩，就是"不许找借口"。这对于养成好习惯非常有帮助。人最容易原谅自己，事情没做好，想办法找一些原因，让自己心安理得，这是一种坏习惯。它会让你软弱，会让你偷懒，会让你逃避，结果你丧失了勇气。

第六是要利用一切机会来锻炼自己，习惯于为他人服务。建议大家有机会的话要乐于担任一些工作，如班干部、科代表等。它不仅不耽误学习，反而是锻炼自己责任意识、为他人服务的意识和提高工作能力的好机会。这些东西形成了，也是一种好习惯。

5.习惯决定成败

英国哲学家艾蒙斯说："习惯不是最好的仆人，就是最坏的主人。"好习惯让孩子学业优秀，坏习惯则削弱我们的竞争能力。让我们牢记著名心理学家威廉詹

姆士的一段话："播下一个行动，你将收获一种习惯；播下一种习惯，你将收获一种性格；播下一种性格，你将收获一种命运。"昨天的习惯已经造就了今天的我们；今天的习惯决定明天的我们。行为养成习惯，习惯形成性格，性格决定命运。让我们从今天做起，从现在做起，从小养成良好的行为习惯，做一个优秀的人。

一位全省高考升学率前三甲的校长，当谈及地区升学率低的原因时，他说："当大学招收精英时，考的是知识能力，拼的是智力，当大学招收平民时，考的同样是知识能力，拼的是习惯。比如今年，我们的学生说考题容易，你们的学生也说考题容易，我们的学生由于审题仔细、步骤完整、计算正确等方面习惯好，做对了，而你们的学生因为这些方面习惯不好扣分了，差距在于习惯培养到位没到位。"他的话切中肯綮，习惯决定成败。好习惯对孜孜以求的莘莘学子而言是何等重要呀！

学生从上学始，就一直被强调养成好习惯，而大家期望的却没有出现。我们期望集中注意力，学生常常注意力分散，结果是不断重复；我们期望快思快记，学生常常慢思慢记，结果是不断练习；我们期望节省时间，学生常常浪费时间，结果是没有效率。我们的期望在学生那儿，常常在无意识中、在多次重复同一动作的基础上逐渐养成了不良习惯。无形中，我们教师和家长成了学生不良习惯的养成人。另一方面，我们往往重视表面化和形式化的"集体习惯"强制性培养，而忽略了本质的内在的个性"个体习惯"的养成与尊重。

古人说："少成若天性，习惯如自然。"只要坚持，严格要求，习久成性，成为自然，一切皆成乐趣，还有什么苦和累可言呢？请大家记住："习惯决定成败。"

成与败是两种截然不同的人生。芸芸众生，奔波忙碌；说到底，不都是为了"成功"二字吗？有的人英才早现，有的人大器晚成，而也有的人终生碌碌无为。在风吹雨打的历练中，在寒来暑往的等待里，每个人都在努力探求成功的真谛。是什么让我们最终走向成功？是全面而专业的知识技能？是卓越有效的办事能力？还是高尚良好的道德修养？这三方面固然都是事业成功的"助推器"，但是一个好的习惯却是成功的重要砝码。

好习惯是人生的资本，只要用心管理，这个资本会不断地增长，我们可以毕生享用它的利息。而坏习惯则是不断增长的债务，如果不及时还清，这种债务能以不断增长的利息折磨人，并把我们的人生引向破产的深渊。

四、改变不好习惯的方法

1. 突破法

在习惯养成过程中，"突破口"就如同针灸中的穴位，找对了突破口，良好的习惯就不难建立了，是在习惯养成中关键的一步。

孙云晓曾对上海闸北八中的成功教育进行了采访，他在《唤醒巨人》中写了一个教育案例：

周彩虹，13岁，家条件很好，身高1.69，可是她不爱学习。为了让她提高成绩，班主任周老师常常给她免费补课。但是，她却变着法想逃走。有一次，她甚至对周老师说："我家远，6点是最后一班车，如果你留我补课，把打车钱给我。"

为了培养周彩虹爱学习的习惯，周老师不断寻找办法，后来，周老师经过研究，终于找到了一个突破口。

一天，周老师找周彩虹谈话，周彩虹以为又要谈学习，一副"死猪不怕开水烫"的样子，总用眼睛望着窗外，周老师笑笑，问：

"彩虹，你去当模特怎么样？"

"当模特？"

周彩虹的魂儿一下子被勾了回来，她简直无法相信，班主任会与她这个差生谈时尚问题。

"是啊，我一直在琢磨，你1.69的个子，审美意识强，又有运动潜质，当模特也许是一条适合你发展的路子。"

"可……可我这么小，去哪当模特？"

周彩虹来了情绪，却又不知所措。

"你看，东华大学模特培训班不是在招生吗？"

说着，周老师拿出一些材料，递给周彩虹说："我研究一下，我相信，你去报名会被录取的。"

"真的？"

周彩虹心跳加快了。要知道，她一直做想当模特的梦，却头一次有机会来实现梦。

进入模特班的周彩虹，仿佛变了个人似的，对生活的一切都热心起来。预备班准备开主题班会——"祖国在我心中"，她头一个报名出节目，说用报纸设计时装来表演。周老师建议多找几个人，效果会更好一些。于是，她就找了三个男生和三个女生。

从此，周彩虹更忙了，每到周末，便约同学到附近的公园去走台步，她已经受了一段时间的正规训练，加上她天赋灵敏，还挺像个模特教练的样子，训练结束，她请同学到家中吃晚餐，与大家建立了融洽的关系，结果节目大获成功。

不久，全校举行班会巡演，预备班由周彩虹领队的模特表演，最后一个出场，一下子征服了全校师生，谁也想不到，闸北八中会冒出个挺专业的模特队，而且出现在懒散的预备班里。他们狂热地鼓掌、高声叫喊，不用说，该节目荣获了一等奖。

"给点阳光就灿烂"，看到今非昔比的周彩虹，周老师深深地认同了这句话，她悟到，成功教育就是播撒阳光的教育。

这天放学，她又约周彩虹谈心。此时的周彩虹与周老师早已情同姐妹，每一次交流对她都是一种享受。

周老师说：

"彩虹啊，看到你在模特艺术上潜力无限，老师真为你高兴啊！"

"我也觉得生活有意义了，一切都变得那么可爱！"

"可是，我也有些担心。"

"怎么？"

周彩虹紧张起来，她知道周老师虽然年轻却并不轻言，说什么都会有充分的准备。

"你有时间去看一下，这是我从网上下载的资料，都是关于模特专业发展的。"

周老师递给她一摞资料，平静地说：

"现代社会对模特的素质要求越来越高了，一级模特，要有大专学历，最低一级的模特，也要有中职学历。明白吗？"

周彩虹的脸上掠过一丝阴云，她沉思了一会说：

"这就是说，我先要初中毕业，在至少读完中职或高中，才能正式进入模特界，对不对？"

"完全正确。"周老师点点头，又说："我观察你很久了，发现你很灵。只要你肯学习，在八中这样的环境里，你一定会成功的！而且这一点关系到你的一生。"

也许，这一次谈话对症下药了；也许，当模特成功给了她从未有过的信心，从此，周彩虹开始学习了，开始以新的状态学习。她上课认真听，课下与同学讨论，并且主动找各科老师补课。渐渐地，周彩虹的学习成绩上来了，与她的模特步一样向前、向前。

周彩虹本来是个爱时装不爱学习的孩子，周老师经过观察和思考，终于找到了她的"命脉"，这个"命脉"就是时装。当老师和她谈起做模特的时候，她的眼前一亮，而这一亮，就是她后来不断的前行动力。通过这个突破口，周彩虹渐渐开始重视学习，并爱上了学习。

2.榜样法

每个人在成长中都离不开朋友，好的朋友就如一盏明灯，带领你快步向前，

所以，作家塞万提斯在他的名著中写道："以好人为友者自己也能成为好人。"

在习惯培养中，给自己找个好朋友也同样重要。对于学生来说，父母是自己的榜样，同龄的示范榜样也不可少。心理学家研究表明，对于稍大一点的学生来说，同龄群体对他们的影响往往超过了父母的影响力度，这时，在各种习惯的养成方面，同龄伙伴的影响力就会超过父母。

有一位学子这样回忆他的高中生活：

我的高中同桌叫赵连成，他也和我住一个宿舍，我们每天形影不离，学习、吃饭、睡觉……所有的事都在一起。我们是当年中考文化课的前两名，他只比我高1.5分。我们是好朋友，也是竞争对手。他的英语和数学比我好，我的物理和化学比他好，所以我们经常在一起谈论问题。我们在学习上相互鼓励，当有一个人在学习上遇到问题的时候，另一个总是鼓励对方。

我和连成都喜欢运动，他的乒乓球很专业，而我是新手，我们经常在周末跑到学校门口的乒乓球室痛痛快快打一下午。我足球踢得比他好，他是新手，我们也经常周末踢足球。有时候玩得高兴，竟然连饭也忘记吃了。

和连成同桌两年时间，其中经历了无数次考试。记得我们的班主任数学老师经常在晚自习的时候突然出现，一脸严肃地对大家说，先把手上的东西收拾起来，咱们考一下！每当这个时候，就是我与同桌的一次较量，我们总是在考试的时候暗暗较量速度，在公布考试结果时比着分数，一般都是我的速度比他快一点，而他的分数比我高一点。在临近高考的时候连成住进了医院。高考的最终分数我比他多了五十几分，我上了清华，他去了山东大学。

我承认因为有了他这个竞争对手才让我在高中枯燥的学习中更有动力，也因为有了他这个朋友，才让我在激励的竞争中得到了鼓励和关照。我永远会感激连成，他是我高中最好的对手和朋友，我将永远和朋友一起进步。

如果孩子能和他同龄榜样充分利用周围的有利条件，就能营造出一种你追我赶的学习氛围，形成海纳百川的胸怀。这不仅是一种学习与竞争，也是一种高层次的人生境界。

萧伯纳曾经说："你有一个苹果，我有一个苹果，彼此交换，每个人还是只有一个苹果。你有一种思想，我有一种思想，彼此交换，每个人就有两种思想。"如果能与朋友真诚协作，相互交流，就能取人之长补己之短。

刘邦曾经说过："夫运筹帷幄之中，决胜千里之外，吾不如子房；镇国家，抚百姓，给饷馈，不绝粮道，吾不如萧何；连百万之众，战必胜，攻必取，吾不如韩信。三者皆人杰，吾能用之，此吾所以取天下者也。"

3.体验法

体验法是通过自己的亲身实践、认识和体会养成好习惯的重要方法，从而强化习惯，削减不好习惯的出现。这对培养孩子独立意识、提升自己的生存能力有着不可取代的意义。

汤姆是个7岁的男孩，上学的时候常常忘记带午饭，每当此时，妈妈都要在繁忙的工作间隙开车到学校给儿子送饭，虽然妈妈这件事跟汤姆说了几次，但汤姆就是记不住带饭，后来妈妈听了专家的建议，决定让孩子体验一下不带饭的感受。回家后，妈妈首先和汤姆谈话，她告诉汤姆，妈妈相信你已经长大了，有能力管自己的事了。你应该对你自己带午饭的事情负责了。妈妈每天工作很忙，不能总给你送饭，今后，妈妈不会再到学校给你送饭去了。

汤姆听了妈妈的话，点头答应得很好。但是，这一计划开始实施的时候，却受到了一些干扰，因为汤姆的老师借钱给汤姆，让他自己去买饭，为此，妈妈又和汤姆的老师协商，告诉老师自己的想法。老师答应不再借钱给他买午饭了，让汤姆自己去经受考验。一次汤姆又忘记带饭了，他去向老师借钱。老师说："很抱歉，汤姆，我们已经讲好了，你要自己解决午饭问题。"汤姆给妈妈打电话，请求她给送午饭来。妈妈很和蔼地坚决拒绝了他的要求。

最后汤姆的一个同学分给了汤姆一半三明治，但汤姆还是被饥饿折磨了一个下午。他体验到了自己不带饭而饥肠辘辘的难受滋味儿，从那以后，妈妈发现，汤姆真的很少再忘记带午饭。

这种方法通过亲身实践来认识和体会养成好习惯的重要性，体验教育在孩子的成长中占据重要的地位。

4.行为契约法

在习惯中使用契约方法可以有效地自我监督、自我控制和自我管教，建立良好行为，父母因此省去了不少说教，亲子之间的冲突会大大减少，是科学的、有效的养成习惯的方法。

张华的妈妈一直认为自己的独生子比同龄优秀，从上幼儿园开始，就经常问孩子一些问题，渴望了解他在外面的生活，想帮助孩子少走弯路，做一个懂事聪明的孩子。孩子上小学后，妈妈就更关心了，不是问学习就是问成绩，要不就问和同学的关系，还陪着他做功课。

其实，张华是个勤奋好学、性格开朗的孩子，在班级一直名列前茅，是"宋庆龄奖学金"获得者。张华说，他很努力学习，希望妈妈满意。本来在学校一天的生活就很紧张，回家还要应付妈妈没完没了的问题，不回答吧，妈妈就会不高兴，他特别无奈，特别是在吃饭的时候，妈妈坐在一旁，又是夹菜又是夹肉，还不停地说："儿子，你多吃点蔬菜，补充维生素和纤维。""儿子，别吃那么多，当心发胖。"本来吃得香甜，让妈妈搞的没胃口了。他说："妈妈，我已经十岁了，还当我是不会吃饭的婴儿。"

于是，新学期开学没几天，聪明的张华主动对妈妈实施了"行为契约法"。当妈妈又在吃饭时说些老生常谈的话题时，张华把筷子一放，站起来郑重地说："妈妈，咱们签份合同吧！"

（1）以后妈妈不在吃饭的时候问张华的学习情况，作业不会的时候，妈妈不准发脾气，不许敲桌子，要耐心讲解，周末晚上要给张华放松时间，不能硬性规定9点睡觉。

（2）张华主动和妈妈谈心，不乱花钱，不瞒着妈妈做事，每天洗自己的碗，叠自己的被子。

（3）合同有效期：本学期。

母子俩都签了字，然后按合同行事，很快母子的关系消除了紧张。妈妈也不再在吃饭的时候问个不停了。

张华的变化也很明显：不乱花钱买玩具，回家主动告诉妈妈当天在校的情况，按时做作业，自己洗碗，还承担了全家的扫地任务。

的确，父母长期的唠叨会引起孩子反感，不仅起不到好的教育效果，还会降低父母在家的威信和地位。其实对青少年而言，一些"脏衣服不要乱扔，要放进洗衣篮"等约定俗成的东西，就不用三令五申了，只要按章考核他们就行了，如果没有达到要求，还可以运用约定的较为公平的处罚手段，这比不断唠叨和提醒要有效得多。

5.以好代坏法

以好代坏法，就是避开坏习惯的正面，从反面入手，培养一种新的习惯。

曾有这样一个故事：

6岁时，妈妈跟人打架，特别凶。晚上趁着月光，为了报复，我去拔光别人家的辣椒苗。几天后的夜晚，我家一块地里的玉米苗也被别人斩断了。

拔光别人家的辣椒苗后，回家向奶奶表功请赏，一向仁慈的奶奶抓了一根棍子劈头盖脸地朝我一顿猛打，知道我答应以后每次见到我家的"仇人"该叫爷爷的都叫爷，该叫婶婶的都叫婶，奶奶这才住手。

秋后建房，爹爹被石头砸了脚，可上架那天，很多和我有"仇"的人都来帮忙，看到娘一脸内疚，他们说："娃儿平时喊人喊的可好了，不看大人面，也要看娃儿

面哩。"

　　不少人的成长都得利于坏习惯的破除和好习惯的建立。破除坏习惯是件困难的事，但是如果从它的反面出击，将会起到意想不到的效果。我们要时刻警惕坏习惯的侵袭，人很容易陷入无所事事的境地，因为浪费了一点时间，你的一生也许就会毁掉了。

方法十五　树立人生目标

在央视《人与自然》的节目中，曾经有这样一个镜头：在非洲马拉河的两岸，青草鲜嫩，一群群羚羊在那儿无忧无虑地享受。这时，一只非洲豹悄悄地隐藏在草丛中，准备向羚羊发起进攻。它悄悄地向羚羊逼近。突然，羚羊察觉到了危险的降临，立刻开始四下狂奔逃命。

非洲豹猛地一跃，箭一般地射向羚羊群。它盯住一只未成年的羚羊，一直向它追去。羚羊跑得飞快，非洲豹更快。在追赶过程中，一只又一只的羚羊站在旁边观看，可非洲豹并没有改变方向去追离它更近的羚羊，它只是一味地朝着那只未成年的羚羊疯狂地追赶，羚羊跑累了，非洲豹也跑累了，但是他们都没有放弃，二者展开了耐力的较量。终于，非洲豹的前爪搭上了羚羊的屁股，羚羊倒下了。

猎豹紧盯着自己的目标，最终得到了这只羚羊。可以说正是这只羚羊激发了猎豹前进的动力。

美国19世纪哲学家、诗人爱默生说："一心向着自己目标前进的人，整个世界都给他让路。"爱默生的话很有道理，要想成功，就要用心来鞭策自己前进。

一、成功来自于目标

在人生的旅途上，最关键的就是集中自己的全部精力，一心一意紧紧地把握既定的方向和目标。因为任何分心、毫厘偏离，都会使你和成功擦肩而过。

坚持梦想，既定的目标永不改变。任何成功只发生在有目标的人身上。

1.目标与成功

博恩·崔西说："成功就等于目标，其他都是对它的解释。"没有目标就没有方向，没有方向那就更谈不上目标的实现了。

"一个人的最大罪过莫过于要求自己太低"、"即使你是天才也需要奋斗"、"世上无人可以令我倒在地上"、"以无法为有法，以无限为有限"、"清空你的杯子，方能再行注满"，也许你没有想到，这些极具励志价值的语言，都是出自李小龙之口。

1967年，那时已经是影视巨星的李小龙，在接受功夫杂志《黑带》的记者采访时说："在香港，当我还是小孩时，我是一名小阿飞，总爱四处惹是生非。我与我的小伙伴们曾用铁链及藏有小刀的笔作为武器。有一天我突然问自己：如果我的伙伴不在我身旁，而我却陷入一场打架中，这会有什么后果呢？于是，我决定要学习如何保护自己，这样才能不被他们打败。这就是我开始学武术的最初目标。"这个最初的小小目标，在当时看来是很幼稚和单纯的，但就因为最初为了保护自己的动机，让李小龙坚定地走上了武术之路。

后来，李小龙经过朋友的引荐，终于拜到咏春拳大师叶问的门下。叶问虽然看似老态龙钟，但身手似龙似虎、如风如影。比年轻的后生还要轻盈娇健、快捷、凶猛。李小龙看得眼花缭乱，一个意念却格外清晰，他惊叹武术对人的巨大作用。此时的李小龙心中，已经不是当初简单的要在打架中胜出的小目标了，而是暗下决心，要坚定不移地以武道作为未来的人生道路，毕生竭力，九死不悔。就是因为这个目标的不断激励，最终让他创立了"截拳道"，终成一代武术宗师的大目标。

如果没有灯塔的指引，海洋上的轮船就永远找不到正确的航向；如果没有雷达的导航，飞机就会迷失在茫茫的天空之中。李小龙正是因为树立了这个明确的目标，并矢志不渝地为之奋斗，才会有后来超人的成就。

正确的目标能引导人，崇高的目标能鼓舞人，伟大的目标能激励人。不管是人生的大目标还是事业上的小目标，我们都得让自己活得有梦想、有方向。有梦想的激励才能描绘出精彩的华章。

俞敏洪在《赢在中国》第三赛季36进12现场演讲时说："人的生活方式有两种，第一种方式是像草一样活着，你尽管活着，每年还在成长，但是你毕竟是一棵草，你吸收雨露阳光，但是长不大。人们可以踩过你，但是人们不会因为你的痛苦，而产生痛苦；人们不会因为你被踩了，而来怜悯你，因为人们本身就没有看到你。所以我们每一个人，都应该像树一样的成长，即使我们现在什么都不是，但是只要你有树的种子，即使你被踩到泥土中间，你依然能够吸收泥土的养分，自己成长起来。当你长成参天大树以后，遥远的地方，人们就能看到你；走近你，你能给人一片绿色。活着是美丽的风景，死了依然是栋梁之才，活着死了都有用。这就是我们每一个同学做人的标准和成长的标准。"

一部《士兵突击》让王宝强迅速蹿红，有些人说他的成名只是一个偶然，但了解其经历的人都知道，这一切都是因为王宝强从小就树立了一生的目标，就是要当个大明星，并为此一直努力到今天。

王宝强6岁时看了李连杰主演的《少林寺》后，就确定了目标——要做演员。为了这个梦想，8岁独身一人去了少林寺，之后用了6年时间练武，为自己的理想而做好准备。14岁就出来闯天下，开始了北漂的生活。

2000年，怀着美丽的电影梦，14岁的王宝强离开了少林寺。

萧伯纳说："人生的真正欢乐是致力于一个自己认为是伟大的目标。"

沙漠中没有方向的人们只能徒劳地转着一个又一个圈子，生活中没有目标的人们只能无聊地重复着自己平庸的生活。对沙漠中的人群来说，新生活是从选定方向开始的；而对于学生们来说，学习是从确定目标开始的。

学习目标是学习的出发点，也是学习的归宿。确立具体明确的学习目标是每位学生的首要学习任务。目标越明确，越切合自己的实际情况，其学习行动的每一

次努力越能够获得成功。学生在成功中体验学习的喜悦，学习从此充满了活力、激情和意义。

在调查了解学生目标是否明确这个问题时，学生大都只是模糊地说"好好学习"、"将来考大学"、"找个好工作"等，只有百分之二十的同学有清晰的长期或短期目标。而且有目标的人，往往不会把目标分解。

其实学生学习不主动、成绩差，往往是因为缺乏上进的目标。他们虽然也希望成为大家赞扬的好学生，但是这种欲望很弱。因为他们认为自己失败太多了，他们达到当好学生的目标对他们太难了，于是索性回避。笔者问过自己的学生："你为什么不努力去争取做个好学生呢？"他们沮丧地回答："太难了，每科都要高分，我做不到。"这种回答代表了一部分学生的心理状态。在他们的心目中，没有一种能激发主动进取的形象，由此导致他们行为上的随意性。

埃德蒙斯认为："伟大的目标构成伟大的心。"一个人之所以伟大，是因为他树立了一个伟大的目标。伟大的目标可以产生伟大的动力，伟大的动力导致伟大的行动，伟大的行动必然会成就伟大的事业。小目标，小成功；大目标，大成功，这个成功规律永远不会改变。因此，只有拥有一个远大的目标，才能够高瞻远瞩，取得大的成功。

2. 树立远大目标

著名作家高尔基告诉人们："目标愈远大，人的进步愈大。"大目标会告诉人们能够得到什么东西，大目标会召唤人们采取积极的行动。当我们心中有了一幅大目标的宏图，我们就能从一个成就走向另一个成就，得到一个又一个快乐。

胸怀大目标的人，既不会为眼前小小的成功所陶醉，也不会被暂时的挫折所吓倒。他们心中十分清楚，在实现目标的过程中，肯定会遇到一些艰难险阻。假如轻而易举就能排除，只会向人们表明自己的目标定得太低。所有的困难一开始就被排除得一干二净，会使人们丧失尝试有意义事情的兴趣。你要脚踏实地地处理前进道路上的障碍，终有一天，你会到达目的地。

没有大目标的人很可能满足于眼前的利益。然而，他的眼睛仅仅是局限于伸手可及的小目标，这样只会使自己顾及眼前利益，鼠目寸光。只追求小目标的人必然会面对这样的悲剧——自己的所作所为只是在空耗自己的青春。

传说，大唐贞观年间，在长安城西的一家磨坊里有一匹马和一头驴子。它们是好朋友，经常在一起谈心。马负责为主人拉车运货，驴子的工作是在屋里推磨。贞观四年，这匹马被玄奘大师选中，接受了一项艰巨的任务，与大师一起动身去天竺国大雷音寺取三藏真经。

13年后，这匹马跟着大师经历了千辛万苦，驮着佛经回到长安。大师受到重赏，而马也被人们精心打扮一番与大师形影不离，跟随大师去全国各地讲经。不久，朋友见面，老马跟驴子谈起了旅途的经历：浩瀚无边的沙漠、高入云霄的峻岭、火焰山的热浪、流沙河的黑水……驴子听了神话般的故事，大为惊异。

驴子惊叹说："马大哥，你的知识多么丰富呀！那么遥远的路程，那种神奇的景色，我连想都不敢想。"

马思索了一下，感叹道："老弟，其实这几年来我们走过的路程是差不多的。"

驴子不理解："哪里，我的确一点儿见识都没有长！"

马说："你想，我在往西域走的时候，你不是一天也没有停止拉磨吗？不同的是，我同玄奘大师有一个遥远而明确的目标，始终按照一贯的方向前进，所以我们开了眼界；而你却被人蒙住了眼睛，一直围着磨盘打转转，所以总也无法走出这个狭隘的天地。"

这个故事告诉人们，没有大目标的人，无论在生活中，还是在事业上，都容易随波逐流。世界上最贫穷的人并不是身无分文的人，而是没有大目标的人。想别人之不敢想，做别人之不敢做。只有胸怀天下、目标远大，才会有巨大的成功。

韩国前总统金大中在高中时代就树立了自己做总统的目标，后来自己朝着总

统的目标不懈努力，终于实现了自己做总统的理想。每个人来到世上，就是希望快乐地生活，实现自己的理想。

如果你追求的是大目标，你就不会满足于现状，你就会奋斗不息、追求不止。明确的大目标会为你指引一条踏上成功的非凡之路。

哈佛大学有一个非常著名的关于目标对人生影响的跟踪调查。对象是一群智力、学历、环境等条件都差不多的年轻人，调查结果如下（25年后再来看被调查的人）：

有清晰且长远目标的人：25年来几乎都不曾更改过自己的人生目标。他们都朝着同一个方向不懈地努力，现在，他们几乎都成了社会各界的顶尖成功人士，他们当中不乏白手创业者、行业领袖、社会精英。

有清晰但短期目标的人：大都生活在社会的中上层。他们的共同特点是，那些短期目标不断被达成，生活状态稳步上升，成为各行各业的不可或缺的专业人士。如医生、律师、工程师、高级主管等。

有较模糊目标的人：几乎都生活在社会的中下层面，他们能安稳地生活与工作，但都没有什么特别的成绩。

无目标的人：几乎都生活在社会的最底层，他们的生活都过得很不如意，常常失业，靠社会救济，并且常常都在抱怨他人，抱怨社会，抱怨世界。

3.目标的确立

(1) 要了解一下自己为什么要设定这一目标

你在为自己设定目标之前，首先找出设定这些目标的理由。当你十分清楚地知道实现目标的好处时，便会马上设定时限来规范自己。目标对人生有着巨大的导向性作用。成功在一开始，仅仅就是一个选择。你选择什么样的目标，就会有什么样的成就，有什么样的人生。

今天的生活状态，不由我们今天决定，它是我们过去生活目标的结果。明天的生活状态，也不由未来决定，它将是我们今天生活目标的结果。目标是行动的导航灯。

（2）你应该设定实现各阶段目标的时限

任何目标都必须限定什么时候完成。如果不限定自己什么时候完成，我们发现会变得遥遥无期。时间限制可以具体到某年、某月、某日、某时、某分。没有时间限制的目标，即使量化再好，也可能会使目标实现之日变得遥遥无期。人为的时限限制会对行动起到激励作用。如果你没有设定完成阶段目标的时间，并以此时限来约束自己，那么你将很难确定自己实现目标的时间。因此，当明确知道目标之后，要设下明确的实现时限。同时，要尽可能细致地列出实现目标所需的条件。

生活当中，常常听到这样的口头禅式的目标：找一份好工作；成为有钱人；有一个幸福的家庭；尽最大的努力做好这件事情；让公司的业绩跃上新台阶；平平淡淡过一生等。这都是一些想法，而不是真正的目标。它们的共同特征就是模糊，没有量化。

当你对实现目标所需的条件并不了解时，去执行这一计划则会令你不知如何着手。因此，你只有在明确知道目标所需的条件之后，才能够做到心中有数，逐一执行。

1984年，在东京举办的国际马拉松邀请赛中，名不见经传的日本选手山本田一出人意料地夺得了世界冠军。当记者问他凭什么取得如此惊人的成绩时，他说了一句话："凭智慧战胜对手。"

两年后，意大利国际马拉松邀请赛在意大利米兰举行，山本田一代表日本参赛。这一次他又夺得世界冠军。记者又请他谈经验，山本田一性情木讷，不善言谈，回答仍然是上次那句话："凭智慧战胜对手。"记者没再挖苦他，但是对他所说的用智慧战胜对手还是迷惑不解。

10年后，这个谜底终于揭开了。

在他自传里这样说的："每次比赛之前，我都要乘车把比赛线路看一遍，并把沿途醒目的标志记下来，比如第一个标志是银行，第二个标志是一棵大树，第三个标志是一座红房子……这样一直到赛程的终点。比赛开始时，我以百米的速度奋力地向第一个目标冲去，等到第一个目标后，就以同样的速度向第二个目标冲去，40多公里的赛程，就被我分解为这么多个小目标轻松地跑完了。起初，我并不懂得这个道理，我把我的目标定到40公里以外终点的那面旗帜上，结果我跑到十几公里就疲惫不堪了，我被前面那遥远的路程给吓到了。

(3) 你应将目标的远景作为你执行的动力

目标的远景能使你看到奋斗的希望，从而增强你的自信心。当这种自信积累到一定程度，自然会激发你的无限潜能，让你创造出超凡的成就。相反，如果目标不清楚，就会带来行动上的失败，使自己没有坚强的意志力走下去，带来自己事业上和人生的挫折。

1952年7月4日，加利福尼亚海岸笼罩在浓雾之中，在海岸以西21英里的卡塔林那岛上，一位34岁的妇女涉水下到太平洋里去，要是成功，她就是第一个游过这个海峡的妇女。她叫费罗伦丝·得威克，她也是游过英吉利海峡的第一位女性。15个小时之后，她又累又冷，她知道自己不能再游了，就叫人拉她上船，她母亲和教练都告诉她不要放弃，已经离海岸很近了，她朝加州望去，除了浓雾，什么都看不到，人们把她拉上来，她渐渐暖和了，却开始感到失败的打击，她不假思索地对记者说："说实在的，我不是为自己找借口，如果当时我能看到陆地，也许我能坚持下来。"

没有目标的努力是无法实现价值的，而没有目标的引导，人的潜能就无法释放。

学习是个循序渐进的过程，每个过程都应该有自己的目标。每实现一个小目标就是对自己的激励和满足。

4. 成功与期望值

人人都想成功。可是，尽管每个人都会有自己所期望的目标，但他们期望的程度或期望的强度是不一样的。

期望强度0%，根本就不想要。当他不想要的时候，当然就得不到了。

期望强度50%，可要可不要，但蛮想要的。常常会努力一阵子，三分钟的热度，一旦遇到困难就会退缩。他们常常幻想，不怎么付出代价，就很容易得到。结果也是常常不会成功。

期望强度99%，非常非常想要。即使是非常非常想要，到最关键的时刻，你还有一丝退却的念头。现实生活当中，达成目标常常会遇到很多的难关，而这些难关，往往就是那些99%的人不可逾越的鸿沟。所以，在最后一刻他们会放弃。在最后放弃与第一步放弃，结果是一样的。

期望强度100%，100%代表一定要，代表不惜一切代价。不达目的，死不罢休，不成功便成仁。于是，他们才可能排除万难，直到成功。而且最终，他真的获得了成功。

现在，试着找到自己的目标。自问这个目标我到底有多想要，我对它的期望强度到底是百分之几？我的期望强度是否足以让我能走到成功的终点？很多人的成功期望都在99%以下，这就是现实生活中人们不能成功的核心原因之一。

成功是需要付出代价的，这个代价叫做"成功成本"。实现越大的梦想，往往需要越大的成本。一个人能有多大的成就，取决于他能承受多大的成功成本。一个人的成功概率有多高，取决于他的期望强度有多大。如果对自己的期望强度不是很大，他承受的压力、承受的成功成本也就不会太大，同时他成功的概率也就会相应较小。

二、目标明确，才知道努力方向

现在有个问题想问问你，你有人生的理想和目标吗？如果有，你的人生理想

方法十五　树立人生目标

和目标是什么？也许有的同学要问，什么是人生的理想和目标啊？

人生在每个成长阶段都要树立正确的目标，行动才会不犹豫，才会不耽误时间前行，才会知道自己前行的方向，目标就是人生的指路明灯。

小学是理想目标、初中是现实目标、高中是责任目标。

现在我们的孩子存在的普遍问题是自私、懒惰、粗心、注意力不集中，这主要跟自己没有明确目标有关系。

1. 环境与目标

这里所说的"环境"包括家庭环境、学校环境、社会环境。从一个人记事懂事开始，家庭环境就是你的启蒙教育摇篮，家长的习惯、家庭的环境无时无刻不在熏染你，在陶冶你的人生，所以家庭作为你启蒙的生长环境，对你树立什么样的人生目标起着潜移默化的作用。当开始上学时，学校环境和老师的表率、同学同桌的言行乃至社会环境的发展进步又影响和改变着你的思想和人生目标，可以说环境对一个人的成长进步乃至人生目标的确立关系重大，历史上才有"孟母三迁"的故事。

孟子，名轲，字子舆，战国时邹人，是中国历史上一位很了不起的大思想家、大学问家。在人们的心目中，称他为"亚圣"，他仅次于孔子。但是，孟子小时候，也和一般的孩子一样，很顽皮，很贪玩，不愿学习，整天和小朋友打打闹闹。他的母亲为了他的教育问题，时常感到苦恼，可说是用尽了苦心。

最初，他们的家住在一所公墓附近。由于耳听目看，经常接触的缘故，孟子和邻居的小朋友都学会了祭祀。于是，他们在没事可做的时候，便聚在一起，模仿那些出殡送葬的人，又哭又嚎，又跪又拜的，玩处理丧事的游戏。孟子的母亲发现了以后，连连摇头说："唉！这个地方怎么能继续住下去呢？"于是他们就搬家了，这回搬到街市里来了，离一个热闹的集市不远。由于孟子和邻居的小朋友经常出入市场，甚至在市场里玩，因此很快就学会大人做买卖那一套，你装买主，我装卖主,你吹牛,我夸口,把商人那种招揽客人的模样,学得惟妙惟肖。孟子的母亲看了儿子学成这样,又皱眉头,连说:"不行,这地方也不行,还得搬家。"于是,她又开始东奔西走。

这一次,他们母子的新居就在一所学校的附近,孟子耳闻目睹的都是学校中的事,学着和孩子们一起读书,一起游戏,很快孟子就变成了一个彬彬有礼、勤奋好学的好孩子了。孟子的母亲看到自己的孩子孜孜不倦地用心读书,会心地笑了,她非常满意这次搬迁,自言自语道:"这才是适合居住的地方啊!"

从这个故事中,我们可以看出孟母确实是一位很了不起的人,她懂得"近朱者赤,近墨者黑"的道理,她深知一个人的才智不是天生的,需要经过后天的学习和锻炼。她重视环境对人成长的重要作用。她的这些教育思想,从哲学上完全符合内因与外因关系的哲理。一个人的成才,同一切事物的发展变化一样,内因是根据,外因是条件,内因决定外因,外因又通过内因起作用。在一定的条件下,外因的作用是有决定性的。如果没有孟母三迁,说不一定孟子还成不了"亚圣"呢。

学生阶段是人一生成长最关键的时刻,也是一个人人生观、价值观形成雏形的重要时期,更是获取知识的宝贵时间,如果在这个时期知识和观念储备得好,我们会享用一生,受益一生,反之就会贫乏。

2.帮助你确立和规划人生目标

人生的迷茫源于认识的不足、视野的狭隘和经验的局限,而克服局限性的一个方法,就是以战略为起点,用思想的"登高望远",进行一次人生的俯瞰。强调人生的战略性,关注人生发展中的心智成长、知识学习,就是要进行人生规划。

郭茜,2004年广州大学本科毕业,在艾迪国际杜丽婷老师帮助下,赴澳洲攻读皇家墨尔本理工大学RMIT生物技术硕士。去年,她以优秀的成绩毕业,成功地进入当地最大的私人病理实验室Melbourne pathology工作,并获得澳大利亚永久居住权。目前,她已成为澳洲一级科学家。那么,在广州读大学时,只参加了"新丝路

模特大赛"和"美在花城"等选美大赛的郭茜，是如何从选择读"冷门"专业而最终当上澳洲一级科学家的呢？

刚来艾迪国际咨询时，杜丽婷老师觉得郭茜漂亮、聪明，但她对自己的留学规划并不鲜明。在对郭茜的学习情况、个性等各个方面进行了详细的了解之后，杜老师建议郭茜继续学习自己的专业和兴趣，去澳大利亚著名的皇家墨尔本理工大学攻读生物技术硕士。尽管这一专业在当时看来并不"热门"，但杜老师认为，这是郭茜的兴趣爱好所在，应该顺应她的意愿规划她的学习方向。事实证明，这一建议是十分正确的。因为杜老师深知，只要在专业领域有所建树，无论什么学科，移民都不会成为问题。

郭茜刚到澳洲时，环境的巨大变化让她有点一时难以适应。但她并没有退缩，她坚持每天7点起床读书。刚开始一天只能读一页，因为有太多专业术语，她要边看书边查字典。但她坚持着，甚至在火车上都捧着书看。到第二学期，郭茜已经能拿到80多分的好成绩了。

郭茜所学习的专业在第三学期需要参加实习。当时正好有一家澳洲很出名的医院需要实习生，就这样，幸运之神眷顾了努力的她，郭茜在医院从12月一直实习到第二年7月，期间，她将理论和实践结合起来，学到了很多医学知识。也正是她坚持不懈的努力，让她顺利完成了学业，得到了一份令人羡慕的工作，并获得了澳大利亚永久居住权。

遇到一个智者（家长、老师、亲友）是你一生的财富。郭茜的成功，是她遇到了一个出色的指导师杜丽婷，正是因为杜丽婷老师帮助她分析、规划了在人生转折时期的人生目标，郭茜才能顺利毕业并成了科学家，得到了一份令人羡慕的工作，并获得了澳大利亚永久居住权。

小学是兴趣爱好发展的重要时期，也称之为兴趣学习阶段，但好的行为习惯、学习习惯的养成乃至性格爱好基本都是在这一时期形成的，比如写字的好坏、行走的姿势等。

中学是系统学习阶段，我们基本上可以知道为何学习、如何学习、为谁而学、学习什么，等等。但是毕竟是未成年的孩子，在学习成长的过程中，表现最多的就是学习无常性，三分钟热血，很难有人保持长久的精力、旺盛的精力去孜孜不倦地学习。这时怎么办？一个指引你前行智者的出现，帮助你分析树立明确的学习目标和人生目标，目标树立起来了，你才有前行的动力，不是说动力来自于压力吗，此时的目标就是你的压力，比如你想考中国政法大学，将来做什么，等等。好多家长和老师也帮助自己的孩子明确过目标，今年考航空，明年改为考政法，后年改为考北大，乃至又改了去当作家、球星等，目标树立应该是唯一的，尤其在中学阶段，否则就等于没有目标，自己也会怀疑，我能行吗？我到底去学航空还是从事法律？最后导致无目标学习，无目标还会有压力和动力吗？

3. 如何确立一个合适的目标

目标具有重复性、距离性、衡量性、实践性和挑战性，我们在制定目标的同时，必须将目标具体化、实践化，做到心中有数，而不是雾里看花。一旦有了目标，你的奋斗立刻有了方向，你的努力立刻有了很强的动力感。

确立一个合适的目标，主要考虑以下四个方面因素：

(1) 根据自身的素质，实事求是地设立自己的目标

要伸手够不到，但蹦起来能摸得着，而不是可望而不可即。比如，我们本来这次考试在全校的名次是200名，下次提升的目标是50名，至多也就100名吧，而不能把目标定在下次就进入前20名，这样，一是不客观，二是目标也很难达到，最后给自己的自信心造成影响，长此以往，目标就没有可实现性，那就不是目标，总在幻觉里，最后也就没有动力和压力了。

(2) 根据自己的爱好，树立一个一生都喜欢的目标，这样才更容易成功

我们每个人都有自己的兴趣和爱好，一个是来自于先天，一个是来自于环境

的熏染。随着我们不断的成长，我们自己的爱好和兴趣也就逐渐明确和清晰起来，选择我们从骨子里喜欢的行业，在做事的时候我们自己才更有兴趣，也更容易投入精力，自然更容易获得成绩和成功。比如，赛车爱好者、乒乓球爱好者，由爱好到成功，无一不是从个人的爱好发展起来的。

(3) 根据社会的需求选择目标，到社会才更有用武之地

社会在发展，当我们自己的爱好不明确的时候，可以根据社会需求寻找我们自己的目标，结合自己的实际情况（经济实力和社会背景），是选择军警还是选择从事技术、管理或国外深造等。

(4) 心中的偶像目标——榜样的作用

一个大学生答记者问的体会：

我在中学的时候发现，我们班的同学只要他有哥哥或姐姐是大学生，一般学习都很好，而且能形成自己独特的学习习惯，当时我认为是他们的哥哥或姐姐在学习上可能给予他们一些指导或帮助，后来发现，主要的不是指导，而是榜样的影响作用。

后来，我考上了一所很好的大学，我妹妹也渐渐地学习好起来，我自己很清楚，自己从来没给她辅导具体课程甚至明确的学习方法，但是我偶尔发现，妹妹的笔记分类方法以及记忆方法竟然和我自己的极其相似，这时候我知道了，其实妹妹是在努力模仿我的学习习惯，在她眼里，我就是她最现实、也是最能模仿着的学习榜样。

所谓的偶像目标，其实就是对自己影响比较大的人，我们一直钦佩这个人，自己做事、说话等行为自觉不自觉地以这个人为偶像要求自己，当然我们树立的目标也会很大程度地受到他的影响，明星、主持人也许我们渴望而不可即，但我们身边也有自己的小偶像，我们比较熟悉的长辈或亲属之类的，这样我们就会追逐他的足迹往前走，尤其是在自己家族里比较成功的人，对自己影响会很大。

科学家为了了解设定目标到底会对人有多大的影响，曾做过这样一个实验：

把被测人群分为三组，第一组成员在对目标一无所知的情况下，在向导的带领下开始了长途跋涉；第二组被告知目的地的实际距离是50公里；第三组不仅被告知距目的地的实际距离，还告诉其每行1公里就会看到一个里程碑。

这三组在不同情况下，产生了不同的测试结果：第一组成员因为不知道为达到目的地应该花费多少时间，应付出多少努力，随着路途的艰辛和难度的增大，情绪越来越低落，所以大部分人没有达到终点；第二组成员虽然知道到达目的地应该付出多大代价，但不知道自己距离目的地究竟还有多远，遇到困难时就因为丧失了信心而无法坚持，所以在走出一段距离后有些人就放弃了，最终仅有一少部分人达到了终点；第三组成员不仅知道自己到达目的地应该付出多大努力，而且每走一段距离，就会见到一块里程碑，即使面对困难，仍会受到成功的激励，所以大多数人都信心十足地走完了全程。

从中可见目标对一个人成功的重要作用，有了明确的目标指引才会产生动力，努力克服困难，勇往直前地向目标挺进。

获得美国哈佛大学硕士学位的强强，谈起自己的故事时说："是邻居家的哥哥为他指明了目标，才会有今天的成绩。"

邻居家有哥哥考入了北京大学，这位哥哥是强强的好朋友，别看他们差了4岁，但很谈得来。这位哥哥在和强强的书信和聊天中，描述了北京大学那优雅的教学环境、老师和同学那进取的精神以及在知识的海洋里畅游的欢快，这些使强强对北大心驰神往，读初二的强强立志要和哥哥成为校友，一定要考入北京大学。

自从立下了这个学习目标以后，强强的学习劲头更足了。他的床头贴着几个大字："努力、再努力！向北大进军！"并以此来时刻激励自己。

凡事立志易，实践难，强强并不是那种特别聪明的孩子，学习基础也不是非常好，成绩一直处于学校中等偏上的水平，尤其是英语是弱项，所以要成尖子生，

难度可想而知。可是强强并没有气馁，为了实现自己的目标，他从最基础的知识入手，力求走好学习中的每一步。每天除了完成老师要求的作业外，还会自己设定额外任务，为了提高英语成绩，他每天要求自己背5个单词、3个句型，然后逐渐加量，他对自己的要求从没有松懈过，哪怕是节假日也不例外，这样两年学下来，中考成绩英语竟然获得个满分，其他各科成绩也基本列于榜首，他如愿考上了市重点中学。

第一次的成功使他更有信心，也觉得自己离目标进了一步。进入高中后，学习的压力比初中更大了，但他始终坚持自己考北大的目标，不论遇到多大的困难和挫折，从没放弃过，三年的高中苦读，他终于如愿以偿地成为北大学子。

他对自己的人生充满了信心，在获得众多成功之后，强强又把自己的目标设得更加远大，经过不懈努力，北大毕业后他又顺利地进入了美国哈佛大学攻读博士学位。

没有目标地行走，既不能使自己感到愉快，也没有激发自己的动力。学习也是一样，没有目标的学习就像自己在黑暗里摸索，没有终点和目的地，学习者也不会积极寻找最适合自己的学习途径。

三、制定目标

目标对我们的成功至关重要，但是仅仅知道目标的重要意义并没用。当你想要执行某项行动时，制定目标就是第一步。如果你想要一个懒人动起来，与其打他、骂他，不如给他一个强大的目标，促使他行动。目标就是动力，目标就是方向，制定目标应该成为我们生活的一种习惯，怎么制定我们的目标呢？

设定目标就像建一座金字塔。目标又分成许多不同种类，如人生终极目标、长期目标、中期目标、短期目标、小目标，这么多的目标并非处于同一个位置上，它们的关系就像一座金字塔（如下图）。如果你一步一步地实现各层目标，成功注定容易获得；反之，你若想一步登天，那就相当困难了。

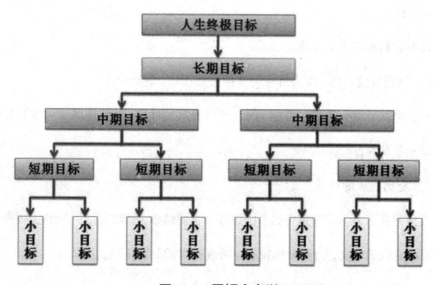

图15-1 目标金字塔

人生终极目标是统帅,是灵魂,是抽象的理念,它贯穿于你生活的每一个目标,每一个目标也都体现了人生的终极目标。比如,你希望自己能为社会做出贡献,那么无论你的学习、工作、生活都会以它为标准,学习是为其做贡献、做准备,工作则直接创造财富,生活上做到关心社会、服务社会。每一个目标实现的同时也实现了人生的终极目标。

人生长期目标有一定期限,它是由数个中期目标组成的,而中期目标则由数个短期目标组成,短期目标则是由日常生活小目标组成。这几类目标的关系就像一棵树,长期目标是干,中短期目标是枝,而日常小目标是叶。只有实现每一个小目标,才能实现短期目标;只有实现第一个短期目标,才能实现中期目标;只有中期目标实现了,长期目标才能实现。想想你成功的历程,是不是也符合这个规律呢?这好像连环套,大目标统率小目标,小目标牵制大目标,大目标是实现小目标的动力和催化剂,而小目标是实现大目标的阶梯。在目标管理体系中,就是这样彼此制约、相互影响的。要制定每一步的战略目标,必须先弄清楚它们之间的关系

方法十五 树立人生目标

和地位才行。

1. 制定目标的六大步骤

(1) 列出有效目标，即将目标确立得更加细致、更加明确

家长可以帮助孩子建立目标，而且要写成落实计划。从整体名次到学科分数，细到单元考试等。

(2) 定出完成的日期

人只有在压力下才知道奋进，比如每个学期结束，验收自己目标的实现程度，在班级和全校的名次，乃至于比较和中考或高考的分数距离。

(3) 列出完成目标所需要的条件

如技能、人际、哪些学科达到多少分值等；是否在学习方法、时间规划上要做些调整，还有哪些学科需要在某个时间段进行补习。

(4) 列出达到目标所要遇到的障碍

因为成功属于提前做好准备的人，分析出实现目标的距离和困难，才会有针对性，也才会转移自己的兴趣爱好，把本来不爱好的学科逐渐增加兴趣和爱好。

(5) 具体的行动计划

作息时间安排计划、学科计划以及听课计划、复习计划或身体锻炼计划等，计划重在执行。

(6) 执行目标

是否每天写日记，督促检查自己的计划的执行。

我们强调，勤奋是实现目标的基础，持之以恒是实现目标的必备条件，学会用正确的方法可以使目标的实现起到事半功倍的作用。要一步一个脚印、一步一个台阶地向目标努力。所以时刻对自己要实现的目标进行监督就非常必要了。

2. 制定目标的基本原则

你必须确定你的目标和起跑线。要走出迷宫除了需要地图和指南针外，你还要知道自己所处的位置。

当你一个人最终坐下来后，你就可以向自己提以下的问题，并把答案写下来：

(1) 我拥有怎样的才干和天赋？

①什么工作我能干得最好？

②我能比我认识的人都干得好吗？

……

(2) 我的激情是什么？

①有什么东西特别使我内心激动，使我分外有冲劲去完成？

②假若有，这种冲动的激情是什么？

……

(3) 我的经历有什么与众不同的地方？

①我都干过哪些和别人不一样的事？

②我的与众不同能赋予我特别的洞察力、经验和能力吗？

③我能做出什么不寻常的事情？

……

(4) 我所处的时代和环境有什么特点？

理想往往来自人生的独特环境、地理与政治气候，历史、经济、文化背景以及许多其他因素都可能起作用。记下所有可能对你的机遇产生影响的东西。

(5) 我与什么卓越人物有来往？

你可以与之合作的那些人的才干、天赋与激情一定会带给你靠单独工作找不

方法十五　树立人生目标

到的机遇。

(6) 我期望何种需要得到满足？

要知道，满足某种需要的欲望往往能激发人的理想。

(7) 在我的一生中，我可以想象的并且自己能做出的最伟大的事情是什么？

……

上面的过程一旦可能，你最好每年都做一次。如果有必要，做完了以后你也可以重做一次。

隔了几年后，你可能发现自己的理想已经改变了。如果几年来你抱着同一个理想，而且你觉得这个理想远超过自己的能力，那么你很可能已确定了人生的一个很好的理想了。在未来的岁月中，你也许会发现，这个理想会有小小的修正或补充，但不会完全改变。

3.制定人生目标必须注意的问题

(1) 你的目标必须是长期的

没有长期的目标，你也许就会被短期的种种挫折所击倒。设定了长期的目标后，起初不要试图去克服所有的阻碍。就像你早上离家不可能等路口所有的交通灯都是绿色你才出门，你是一个一个地通过红绿灯，你不但能走到你目力所及的地方，而且当你到达那里时，你经常能见到更远的地方。

(2) 你的目标必须是特定的

一个猎人，当他面对树上的一群鸟时，如果说他能打下几只鸟的话，那么他肯定不是向这群鸟射击，几只鸟的收获一定是猎人瞄准特定目标的结果。

(3) 你的目标一定要远大

一旦你确定只走1公里路的目标，在完成还不到1公里时，你便有可能感觉到累而使自己松懈，因为反正快到目标了。然而，如果你的目标是要走10公里路，你便会做好思想及其他一切必要的准备，并调动各方面的潜在力量，一鼓作气走完七八公里后，才可能会稍微放松一下自己。

(4) 你必须实践自己的目标

任何事都需要实践，作为人生目标，更不是空中楼阁、水中明月，目标对每个人来说，都是很现实的，所以实践和执行就特别必要。

4. 有效目标

有效目标不是最有价值那个，是最可能实现的那个。完成有效目标，对你的人生大目标也许微不足道，可正是当你完成了每一天、每一阶段的有效目标，你的人生才到达一个新的起点，最后实现人生里程碑的跨越。

贝尔纳是法国著名作家，一生创作了大量的小说和剧本，是法国文学史上的里程碑人物。有一次法国报纸进行了一有奖智力竞赛，其中有这样一个题目，如果法国最大的博物馆卢浮宫失火，情况紧急，只允许抢救一幅画，请问你抢哪一幅？结果在报纸上收到成千上万种答案里，贝尔纳以最佳答案获得该题的金奖。他的答案是："我抢离出口最近的那幅！"

5. 对人生的规划

生涯设计、人生规划现在已经受到越来越多人的重视，每一个人关键的路没有多少，走好这样几个关键的步骤，获得成功的可能性就更大。

有一个人，他希望将来做生意，但他报考大学的时候，他没有直接选择商业管理类的专业，而是选择了机械工程专业，因为机械工程是制造业的基础，了解了商品生产的基本程序，就更容易掌握产品的的制造成本、制造周期等方面的知识。毕业后，他没有急于开创自己的公司，也没有去公司工作，而是去政府当了三年的公务员。不开公司不是因为自己没钱，而是没有运作基础；没有去公司工作、

积累经验，是因为他觉得公司的运营离不开和政府部门打交道，而到政府去做公务员，正好能了解与政府打交道的一些规则，也能了解政府部门运作的特点，还能积累与政府部门的一些关系，为将来开创自己的事业积累资源。当了三年的公务员后，他觉得自己已经没有什么可学习的了，于是考取了企业管理的研究生，去学习管理知识。研究生毕业后，他依然没有急于去开创自己的公司，而是到一家大型企业去学习企业管理中具体运作方面的技能，了解了企业管理中的常见问题，在那里学习了五年之后，积累了各方面的经验，也具备了一定的资金实力后，他终于决定开创自己的公司了。经过长时间的调查和积累，他决定开办一家连锁超市。结果在三年时间里，他的公司的营业额就达到了三亿美元，迅速成长为一家极具实力的企业。

事实上，更多的人都是在迷茫中开始了自己的大学生活，也是随波逐流寻找或自己觉得好玩或自己觉得比较有前途的工作，在这样浑浑噩噩中，更多的人走向了平庸。

四、对学习目标的四个阶梯性建立

第一阶段：不能明确学习目的，有时还认为大人逼自己受苦，对新知识不敏感，即使提醒了，也不能有意识地去抓住。

第二阶段：有动向，但目标不明确，学习属于半自觉状态，如果没有外在的激励和要求，不能坚持不懈，经老师或父母的提醒，能掌握新知识，但掌握能力弱。

第三阶段：能为达到目的而学习，但在实现原有目的后且没有树立新目标时，动机减弱。对新知识基本敏感，但不能进入主动状态，不能迅速捕捉其重要特征。

第四阶段：有崇高的理想和追求，有具体的行动目标，把学习当作达到目标的手段，具有强烈的求知欲望，学习处于动脑状态，能立即意识到新知识的特征。

五、学习兴趣与目标

1.学习兴趣对目标的影响

孔子曰："知之者不如好之者，好之者不如乐之者。"这句话是非常有道理的，它深刻地阐释了学习兴趣对于学习的作用。

王国维在《人间词话》中谈治学："古今之成大事业、大学问者，必经过三种境界：第一种境界，昨夜西风凋碧树，独上高楼，望尽天涯路；第二种境界，衣带渐宽终不悔，为伊消得人憔悴；第三种境界，众里寻他千百度，蓦然回首，那人却在灯火阑珊处。"

第一种境界为苦学。提起学习就讲"头悬梁、锥刺股"、"刻苦、刻苦、再刻苦"。处于这种境界的同学，觉得学习枯燥无味，对他们来说学习是一种被迫行为，体会不到学习中的乐趣。长期下去，对学习必然产生一种恐惧感，从而滋生了厌学的情绪，结果，在他们那里学习变成了一种苦差事。

第二种境界为好学。所谓"知之者不如好之者"，达到这种境界的同学，学习兴趣对学习起到重大的推动作用。对学习的如饥似渴，常常学到废寝忘食的地步。他们的学习不需要别人的逼迫，自觉的态度常使他们能取得好的成绩，而好的成绩又使他们对学习产生更浓的兴趣，形成学习中的良性循环。

第三种境界为会学。学习本身也是一门学问，有科学的方法，有需要遵循的规律。按照正确的方法学习，学习效率就高，学得轻松，思维也变得灵活流畅，能够很好地驾驭知识，真正成为知识的主人。

牛顿邀请一位朋友到他家吃午饭。他研究科学入了迷，把这件事忘掉了。他的用人照例只准备了牛顿一个人吃的午饭。临近中午，客人应邀而来。客人看见牛顿正在埋头计算问题，桌上、床上摆着稿纸、书籍。看到这种情形，客人没有打搅牛顿，

方法十五 树立人生目标

见桌上摆着饭菜，以为是给他准备的，便坐下吃了起来。吃完后就悄悄地走了。当牛顿把题计算完了，走到餐桌旁准备吃午饭时，看见盘子里吃过的鸡骨头，恍然大悟地说："我以为我没有吃饭呢，我还是吃了。"

可见，大凡能做出成就的人，都把自己的事业做到忘我的境界，视学习和工作为乐趣。

目前，中学生的学习中，第一层次的居多，第二层次的为少数，第三层次的更少。我们应当明确，学习的一个重要目标就是要学会学习，这也是现代社会发展的要求。21世纪中的文盲将是那些不会学习的人。所以，同学们在学习中应追求更高的学习境界，使学习成为一件愉快的事，在轻轻松松中学好各门功课。

之所以把兴趣放在学习的首位，也是因为兴趣是十分重要的。兴趣能够调度人的更多的精力在某一方面。如果你把兴趣调整到学习上，那你就比别人多了许多精力，胜算也就大一些。

经常向一个学习很好的人学习，我们会发现，他们对任何一个科目都充满了兴趣。这种兴趣，使他们比别人多了一份求知欲；这种求知欲，使他们不会放过每一个从身边滑过的知识。这也使他们有了别人都难以做到的对于学习的一种冲劲，所以他们能够做出许多别人做不出的难题，也使他们可以把自己的基本功培养得十分强大。这足以体现兴趣的力量之大了。"学习，是一块馍，你能咀嚼出它的香味来。"（此句引自肖铁的《我教儿子学作文》）香味就是兴趣。

培养兴趣也并非一件难事。在这里介绍两种方法：

(1) 可以利用人的条件反射

如果一个人总是疲劳时候读书学习，他一学习就想睡觉或注意力分散，长此以往,学习和睡觉、注意力不集中建立了条件反射,学习的时候就总是无精打采的。

这就是有些人上课总爱睡觉的缘故了。你可以在学习前做一些使自己身心愉悦的事情，学习的时候保持这种愉悦的心情。以后，愉快与学习就形成了条件反射，一学习就高兴，一高兴就学习。这样就做到了培养学习兴趣，形成了条件反射的良性循环。不只在学习上，其他方面也可以这样做。

训练海豚、训练军犬等都是利用动物的条件反射进行的，所以这一点一定不能忽视，而且必须引起我们以后在学习上的重视。

(2) 兴趣需要别人的赞扬和鼓励

当你需要针对某一方面的兴趣时，你先硬着头皮做这种并不愿意做的事情，并投以很大的热情，争取做得好一点。得到别人的夸奖和鼓励，自然就更愿意做了，这样也可以培养兴趣。我们发现自己最不喜欢做的事上，也能小有成绩的时候，会给自己增加很大的信心。

著名教育咨询师张放天说："孩子需要鼓励，如同植物需要水。"他讲了自己亲身经历的一个案例：

前些天我到一个家庭去看一个被父母称作"有自闭倾向、沉迷游戏"的男孩安安，这个男孩上初中三年级，不到一年就要中考了，他在班上排名倒数第三。

然而，当我走进他们家，第一眼看到这个安安很礼貌地微笑着站起来欢迎我时，我知道，所谓"自闭"根本子虚乌有。我来到孩子的房间开始单独咨询，映入眼帘的是他的开放式抽屉，里面错落有致地摆放着一些大大小小的电池，就像苏州园林一样在层次、色彩上都十分讲究，安安告诉我这是"一个城市"。我惊叹于这个男孩的想象力，之后他就像一个导游一样带我走进了他那宏伟而壮丽的心灵世界。

安安叙述着他对国内外电影大片的观点，从《黑客帝国》、《星球大战》、《指环

王》到《英雄》、《无极》，他的追求是，未来将设计出一整套"大片加游戏加小说"的模式，就像美国暴雪公司一样。

"暴雪公司？"很惭愧，我是第一次听说。通过安安的介绍我才了解到，暴雪娱乐是一家全球知名的电视和电脑游戏软件公司，英文为Blizzard Entertainment，总部设在加利福尼亚。暴雪正式成立于1994年，在业界享有着极高的声誉，并被业界称之为"游戏神话缔造者"。其作品魔兽争霸、星际争霸、暗黑破坏神风靡全球，深受玩家好评，并被多个电子竞技赛事列为比赛项目。

安安还告诉我，他已经开始在网上自学3D动画设计了。

我一进门就枪毙了"自闭"这个词，现在我立即清除了"沉迷游戏"这四个字。我在许许多多的咨询中都感受到，在现代的孩子面前，我们有太多太多的不懂。著名教育家陶行知先生说："教师的成功是创造出值得自己崇拜的人，先生之最大的快乐，是创造出值得自己崇拜的学生。"说实在话，我崇拜我很多学生，我知道他们将来必定会成为国家的栋梁之材。这不是我的创造，要说有，我所做的也只是鼓励。

当他告诉我他想上北京电影学院学习最新的一个跟3D有关的专业时，我问，你的父母知道你这个想法吗？后来，安安的父母告诉我，听孩子提过，想想孩子只是说说而已，也没在意。好个"没在意"！这么重要的信息，这么需要鼓励的想法，父母竟然"没在意"，难怪安安自闭于父母了。

可以说，兴趣是学习中最活跃的因素，是影响学习成绩的主导因素，决定着学习中的一切其他方面。必须重视兴趣引导，而不是"没在意"，在"没在意"中，孩子的兴趣就被扼杀了。

2.对于前途目标的树立

(1) 如何树立坚定明确的目标

树立目标不是什么难事，但明确具体的目标并时刻瞄准目标坚持不懈地努力，就不是件容易做的事了，需要有坚强的意志品质。

一是要发现自己的兴趣所在，树立自己的目标最好是和自己的兴趣爱好是相互统一的，"兴趣是最好的老师"，我们只有做那些自己感兴趣的事情，才能全身心投入，并能坚持地干下去，成功的可能性才会更大一些。因此，确立目标最好和自己的兴趣相联系。

二是目标不能游离不定。数以万计的人，他们的一个共同悲哀就是：今天一个目标，明天那个目标，后天再定一个新目标。目标游离不定，实际上就是没目标。这样不但会消耗精力、虚度年华，到头来也是竹篮打水一场空。正确的方法是要设定一个目标，并锲而不舍地坚持下去，这个目标必须是清晰的、切实可行的，而不是虚无缥缈的，目标一旦确定，就要付诸行动，最好立即行动。

三是让目标经常萦绕在脑际。目标确立后，就把它记在一张卡片上，并列出具体实施步骤，不妨随身携带这张卡片，经常检查目标的实施情况，并使它在脑子里产生具体的形象，好像自己已经实现了这一目标的某些步骤，正在进行下一个步骤一样。

四是化整为零，删繁就简。所谓化整为零，就是要把长远目标分解，分解为中期目标、短期目标，甚至每天要做什么、每一个小时要做什么都要清楚，这样才能积跬步以至千里，同时不论是对于大目标还是小任务，与此不相干的事情都删除。化整为零、删繁就简具有战略意义，它是工作或学习最有效的技巧，同时还意味着不好高骛远、不坐而论道，其次是踏踏实实地干好每一天的工作。

五是按自己的方式接近目标。我们知道，许多卓有天分的人不是因为自己不努力没有成功，而是毁在了别人的讽刺、非议、指责之中。他们受不了这些干扰，进而放弃了努力或按他人的指示改弦易辙，当然最后一事无成。而那些成就卓著

的人则往往有着明确坚定的目标，并以自己的方式不断坚持着，锲而不舍、自强不息地追求自己的目标。不要害怕失败、非难或者批评，这是成功者唯一的道路，也是成功必备的品质。

美国博恩·崔西有一句名言："要达成伟大的成就，最重要的秘诀在于确定你的目标，然后开始采取行动，朝着目标前进。"

(2) 树立目标要防止两种错误

一是过早地树立了自己的未来目标，而自己对未来认知程度还不完整或还只是处于感知认识阶段，结果是过多胡思乱想未来；二是行动过早，把个体目标和整体学习发展割裂开来，不利于自身素质的提升和全面发展。

这里举个例子。对于艺术生对艺术的追求，体育生对体育的追求，好多同学只是喜欢，而非真的爱好，也没有真正的特长和天赋，受到一些同学和老师的影响，自己只是喜欢而已。如果这个时候就盲目地决定自己的目标，会耽误自己全面素质的提升，最后给自己留有选择的空间太小。

及早发现自己的特长而非爱好，明确自己是否真的具备一些天赋。如果发现自己真的在某一方面特别优秀，及早选择，不能把自己的前途耽误了。

爱好可以成为职业，但爱好不等于职业，更需要一定的天赋。著名词作家严肃老师这样评价人生的事业："需要一点缘分，要有一种天分，具备一定的勤奋，为人还需要本分。"

3. 学习目标的认识

当一个学生尚未认识到学习的重大意义时，他是不会产生积极学习的动机的，在这种情况下，就应当引导他们认识学习的作用，了解每一项科学知识的社会意义和个人意义。孔子就很懂得这一点。据《孔子家语·子路初见篇》载：

子路见孔子，子曰："汝何好乐？"对曰："好长剑。"孔子曰："吾非此之问也。徒谓以子之所能，而加之以学问，岂可及乎？"……子路曰："南山有竹，不柔自直，斩而用之，达于犀革。以此言之，何学之有？"孔子曰："栝而羽之，镞而砺之，其入不亦深乎？"子路再拜曰："敬而受教。"

子路以为自己很有才能，根本就用不着学习。他并且用竹子作比方说："南山的竹子，用不着加工，天生就是直的，砍下来做箭，就可以射穿犀牛皮做的盔甲。可见，有什么必要去学习呢？"这说明子路由于不了解学习的意义，最初是毫无学习动机的。孔子便针对这点予以启发道："把砍下来的这根南山竹子，削出箭尾，插上羽毛，再装上磨得尖尖的箭头，这样，射入得不是更深些吗？"子路听后，恍然大悟，随即连连下拜说："我一定记住您的教导。"这说明子路在孔子的启发下，认识到了学习的意义，从而产生了积极学习的动机。正是在这种强烈的学习动机的推动下，使子路终于成为孔子之门的高材生。

认识了学习的意义，接下来就要确定一个明确的学习目标。学习目标确立意味着建立一个奋斗的标准、一个在学习上要获取某种成功的意向，这个标准或意向将贯穿随后的日常学习活动之中。它对学生的学习活动起指导作用，使学习活动成为一种明显的目标指向性活动。

在帮助学生确立学习目标时，既要注意确定一般的学习目标，更要注意确立特殊的学习目标。一般目标的实现具有长期性的特点，需要通过特殊目标的实现而得以落实。所以，在经过教育影响使学生基本树立一般学习目标之后，教师应精心策划学生的特殊目标。一个较好的方法是把各门科目的单元目标以及有关活

动列举出来，提供给学生选择或分配给学生。只要学生作出选择或接受单元目标，就等于确立了特殊目标。这时，学生会努力去实现这些目标。在这里值得指出的是，倘若没有教师的指导，学生很难确立自己的特殊目标。

虽然我们大多都有明确的学习目的，可是学习起来往往激情不够高，懒惰往往战胜理性，不能全部专心地来做或学，这主要是意志力不够坚强。主要有以下两种原因：

（1）一是环境问题，条件比较优越，心里虽然知道应该怎么做，但没有压力迫使，没有紧迫感

在自习课或在家复习没有紧迫感，往往开小差或坐姿东倒西歪，一会就恹恹欲睡了，结果任务没完成。这就是目的性不明确，更没压力，感觉自己生活无忧，有依赖性和优越感造成的。

（2）二是年龄问题，心理成熟问题，我们称之为大器晚成

年龄不成熟，不能有效地克制自己。这种情况下，更需要我们家长做些陪读，时刻做些提醒和鼓励。

我外甥是个很聪明的孩子，为了能使其更好地发展，经过研究决定，外甥小学毕业后将由我把外甥安排到县城重点中学学习。

外甥家住在农村，离县城较远，需要寄宿。

外甥聪明懂事，既勤俭，又勤劳、勤奋，外甥的小衣服、鞋都由自己来打理，即使让外甥来我家用洗衣机洗，他都不肯，一个12岁的男孩，做到这点很不容易。学习上也知道刻苦，开始来的时候，我怕外甥年龄小想家，每天都去看看外甥的生活，寄宿那家的主人是个做私立辅导班的老师，老师也反映外甥不但聪明懂事、

听话，而且也爱学习，不用他们叫，晚上按时休息，早上主动起床，这样我观察了半个月，也就放心了。以后就是周末去看看外甥，顺便叫到我家里吃饭，改善一下伙食。

期中考试到了，成绩下来，我感觉不太理想，虽然数学成绩不错，但外语才66分，算刚及格，其他学科成绩也算一般，寄宿老师说，刚开始，还没入门，来得及。我也没再多分析原因，心想，应该是吧，外甥聪明、懂事、爱学习，应该没问题。

到了期末，成绩再次出来，成绩还不如期中考试，我感觉这回可不对，一定有原因。经过分析，原因找到了。外甥由于年纪小，学习没有目标性，虽然看似学习，但其实没能有效地学习，学习也不爱动脑思考。在这种情况下，唯一的方法就是需要家长多陪伴学习，及时做些提示、鼓励。问题找到了，就需要及时改进，可我又没有更多的时间来陪外甥学习和生活，所以，在无奈的情况之下，我只好把外甥从重点中学转回到原来的农村中学，这样，他父母可以有更多的时间多陪陪孩子。

2011的中考，外甥以525分的好成绩如愿考上了高中。

4.良好的心态是关键

对于每个中学生来说，认识每个事物都具有不确定性，一般是可以把握、认识事物的，比如按时上课、想考取理想的学校乃至重点大学，也知道在学习的道路上需要付出和努力，但学习中难免出现一些认识态度上的偏差，而自己还没意识到，这就给学习乃至人生造成极大的损失。

教师的重要作用在于对关键知识的点拨，是学生学习的外在推动力，因此，上课时认真听讲就显得尤为重要。如果由于我们对某个老师的外表容貌、行为举止或其他一些表象的不认可，将导致我们对这个学科的学习失去兴趣，从而导致

方法十五　树立人生目标

我们在这个学科上的损失。这时候我们一定要培养自己包容的心态，更要分清学习是给我们自己学的，与这个老师没关系，他毕竟在帮助我们学业进步，起码可以起到点拨的作用。

如果学生对学习的认识不足，造成心态上的误区，很可能导致对某一学科的好恶乃至放弃。

知识具有综合性和不可分割性。由于个人的爱好兴趣不同，有的喜欢学习文科，有的喜欢学习理科，等等，但你却忽略了一个事实，各个学科都具有一定的兼容性，文中有理，理中有文，学习这个学科有利于那个学科的理解，更有利于整体知识的提升。

学习中的态度包括主动、进取和奋斗。

米卢说过："态度决定一切。"这句话不仅适用于足球，同样适用于学习。

拥有一个主动的态度十分重要，可以说："天才，就是主动性的爆发。"遇到了一件困难的事，决不退缩，积极去做，这就是一种主动的态度。主动可以使你比别人赢得较多做事的时间，可以比别人多做许多需要做的事情，你得到的锻炼就会多，也更容易受到老师的关注。进取可以让你不停地向上，防止人变得堕落。向上看，至少能够不往下走。

奋斗也就是我们平常所说的努力。那种不怕苦、不怕累的精神在学习中也是需要的。看到了一道有意思的题，就不惜一切代价攻克它。为了学习，废寝忘食一点也不是难事，只要你做到了有兴趣。

态度是实力的前提，有良好的态度才能得到自信、过硬本领等一系列的东西。态度和兴趣同等重要。

六、缺乏学习动力的原因

经过我们教育专家研究发现，缺乏学习动力的原因有内部原因和外部原因。

1. 内部原因

(1) 学习动机不明确

当孩子的内心没有对未来的渴望和梦想时，他就不会有明确的学习方向，没有为实现目标而努力的动力，学习处于被动状态。这个时候需要家长及时引导，给孩子补上学习目标这关键的一课，帮助孩子规划未来的梦想，指导孩子认识世界和描绘孩子自己将来人生的美好蓝图。

(2) 对所学专业缺少兴趣

孩子对学习缺少兴趣时，就不能把心思集中在学习的对象上，因此，学习知觉迟钝，观察力和记忆力也无法做到准确持久，思维活动也受其所限，不能产生内在的动力。此时，做家长的就要帮助其分析所学习知识的用处，对孩子将来发展有什么好处和讲述一些相关的故事，而不要让孩子以学习而学习或者认为学习就是为了考试。

(3) 错误归因

好多孩子在偶尔的学习失误中，错误地自我否认，认为自己笨，天生就不是学习的料。如果此时家长能够正确引导，及时鼓励，讲一些历史上名人的故事，如爱迪生8岁上学，但仅仅读了三个月的书，就被老师斥为"低能儿"而被撵出校门，孩子就会重新振作起精神，找到自信。

2. 外部原因

外因是指来自社会、学校和家庭等方面的原因。有的家庭急功近利，更多地考

方法十五　树立人生目标

虑什么专业挣钱多、好找工作，就让子女学什么专业，而不考虑他们对这些专业是否有兴趣、是否适合子女发展等，这些因素都对学习造成不良影响，甚至成为学生中途退学的隐性原因。

附 录

《有效学习的15种方法》在教学实践中的应用

公主岭市秦家屯第二中学　八年(1)班班主任 李素怀

2011年上半年,我接触了《有效学习的15种方法》,虽然我不是第一次接触到学习方法,《有效学习的15种方法》还是给了我很大惊喜,好像就是自己一直以来在不断寻找与探索的思想和方法,我简直就是如获至宝,悉心阅读,不断揣摩,每阅读一次,自己就会兴奋不已,如何借助《有效学习的15种方法》来改变我们班同学的命运? 一个意想不到的惊喜和收获,崔老师积极支持我利用他的学习方法让我做实验,此时正值2011年5月1日,期中考试刚过,我们约定,那就正好利用6月和7月这两个月时间做一个实验,虽然只有两个月时间,可这就足以看到孩子们的改变。经过这两个月的实验,我可以非常高兴地和各位同人做个快乐分享,也许对你也会有非同寻常的帮助。

马宇,品行和学习态度都很优秀的学生,学习成绩一直名列班级前面,在全校也是前10名。马宇虽然很用功,但学习起来还不是很轻松,每天玩的时间太少,把大部分时间都用在学习上,少了很多快乐轻松。

附录

马宇每天跳入题海中，做着大量的题，学习负担很重，9点下自习，回到家，还要做作业，一直到10点多，学习很疲倦，还影响第二天的学习状态。她的妈妈说："孩子很辛苦，每天都要学到很晚。"

我把《有效学习的15种方法》介绍给马宇看。看了书中的内容，马宇很兴奋，因为很多方法自己存在误区。

这次马宇学会了做题，不是每一道题都要去做，而是做些精品题，把一道题做到位，把一道题分析透彻，并准备一个错题本，把平日里的错题收录起来，集中攻克。记得上次讲《一元二次方程解法》时的一道解方程题，马宇用了四种解法，只做一道题，就研究会一类题的解决方案。既减轻了负担，又把知识点理解得透彻。比以前轻松多了，我让她学会适当地休息，要用充沛的精力投入到学习当中，这样效果才能高效。

她妈妈说："最近孩子学习感觉轻松多了，睡眠也足了。"

马宇期中在全校考取第四名，总分488，期末考取全校第二名，总分509，而且数学满分。

陈旭，班级的一名勤奋上进的学生。学习成绩一直在班级前列，学校的排名在15左右。陈旭小学基础比较差，升入初中后学习有些吃力。内心充满了自卑，又由于家里还有个姐姐念大学，所以陈旭还是一个特别节俭的学生，从不乱花钱。在群体中也不爱合群，有些孤僻。

陈旭一直都在努力，学习也勤奋，但学习效果不明显，每次考试都没有突破。我也心急，按照她的努力程度是应该能把学习成绩再提高一些，可是每次还是在全校15名左右，而她的情绪也越来越急躁。因为这样勤奋的学习很疲劳，也不见明显进步。情绪也越来越糟糕。

在期中考试之后，我接触了《有效学习的15种方法》，立刻利用学习方法来改变陈旭传统的学习方法。从预习到听课到如何做题，都做了调整，形成了一套科学的学习系统模式，陈旭逐渐地感觉到学习得轻松了，建立了自信心，做题也不急躁了，做题的效率也提高了。

由于自卑，陈旭从来不主动参加班级的活动。在这次的学校七一建党周年汇演中，陈旭主动要求参加演出。为了能够演好，从没有打过鼓的她利用空余时间，不断地练习，在舞台上表现得特别自信，并取得好成绩，陈旭自信心的建立对她的学习也是一种转变。平日里经常说的一句话"我不会"，那是心理自卑的表现，还没有做题，心理上就暗示自己做不上，这样就影响了做题的信心，现在的她不再说那句话了，而且积极主动在课堂上自我展示。

科学的学习方法的使用，让陈旭学习轻松，自信心的建立，让陈旭越来越乐观，在班级也调整同学关系，学会了学习，学会了交往。我又建议她使用错题本和精华本，为自己的学习补漏洞，这样学习起来又减少了负担，不必去做大量的习题，从《有效学习的15种方法》中的如何做题到自己选题、自己做题、合作探究，学习明显改善。

期中考试陈旭在班级第五名，期末考试在班级考第二名，考全校第八名，是她进入初中第一次考取这么好的成绩。期中数学成绩95分，期末考试提高了10分，考了105分，物理成绩在期中考了58分（70分满），期末考了63分，这次的进步对她来说又是一次触动。两个月的时间，由于学习方法的改变，不仅成绩上有了明显的改变，最主要的学习情绪也有了转变，学习更加有动力了。放假前，陈旭还让我指导如何学习，想在假期进行自学。看到陈旭的变化，我想在一年之后她一定会如愿考取自己梦想中的高中。

附录

王超，特别聪明的学生，学习很优秀，但是由于他的聪明，却形成了一身的小毛病——高傲，不和同学合作，和同学关系不好。由于在课堂中很快领悟到老师所讲的内容，形成了不良的听课习惯，不认真，所以在课堂上他会流失很多有价值的信息，只了解知识的表层含义，不能进行深入思考，形成了不认真的习惯，考试时往往会做的题失分。

接触了《有效学习的15种方法》，我找到了帮助王超解决他这些问题的策略。专门对不认真进行了培训，强化练习，要求准确率。逐渐马虎的毛病改善了，态度转变了，也能够深入思考了。

以前一做题，王超就会想当然，按照自己的意愿做题，往往丢分，那是因为在听课时，注意力不集中，没有领悟真正的知识内涵。现在，上课能够听得明白，并能够深刻领会。而且数学题做得步骤详尽，比以前有所改善。

为了让他形成良好的听课习惯，采取几分钟提问他一次，让他高度集中，逐渐地他有了良好的听课状态。由于对自己缺点的自我认识，才会自我完善，现在他经常和同学进行合作学习，进行探究，形成了很好的学习习惯。现在和几个同学还形成了学习小组，遇见自己不能解决的，就利用同学，合作解决问题，学会了学习。

刘俊如，一个学习办事认真的学生，但学习成绩并不是很突出，对此，她自己很苦恼，虽然自己努力，但成绩不高。

她说每次上课听讲都好像很明白，课下做题就不是很清楚，考试的时候就更蒙了，整节课都在听课，听得很疲惫。那是因为她在听课时没有抓住本节课的重点和难点，一节课都在用同样的精力听，眉毛胡子一把抓，造成自己听课疲惫不说，还没有透彻地掌握知识点，大多数情况下不知道本节课的重点是什么。

我让她在前一天里把第二天的课预习一下，只要找到重点和难点就行，并把它圈点出来。第二天我看她的预习的重点有点偏，修正她的重点之后，让她在听课时重点听理解不透的知识点，一节课下来，我问感觉怎么样，她说听明白了，并检测一下自己听的效果，结果比以前听得明白，而且效果好。

以前她听课目标模糊，所以导致听课没有重点，不但听课疲劳，而且效果还不佳。这次我让她听课之前，重视预习，预习不用浪费太多时间，只需几分钟时间梳理本节课的重点和难点，确定听课的学习目标，听课时目标明确，才会听得有效果。最初时，预习还是找不到重点和难点，我就帮他修正，随着时间的推移，自己学会了预习，听课的效果也明显提高。

期末考试中语文提高了6分，打了106分。数学提高了7分，打了107分。班级名次虽然没变，这次考了全校第十六名，班级第四名。但自我感觉良好，说学习起来比以前轻松了很多，听课和做题都感觉很顺手。

姜雪，班级的生活委员，也是我的得力助手，字写得特别工整，办事也认真，班级中的大事小情都能办理得很好。但学习态度不是很积极，前些日子总是唉声叹气的，听课也不精神。

初二知识重点多，学习有了一定的障碍，导致学习有些倦怠，有一段日子，她总是和一些不学习的孩子在一起，走得很近，下课就在一起谈论着什么，上课精神恍惚。做作业也不够认真，开始轻浮起来。

和她交谈中，她总是掩饰着一些事情，女孩大了，尤其初二，到了初中的关键期，也正是人生的青春期，交友和学习都会发生变化。

交友时，我引导她要正确地交友，让她自己选择什么样的朋友作为她的益友，她渐渐地和她的一些朋友疏远了。为了让她能够有益友，我调整了她的座位，让她处于一个良好的"地理环境"，周围都是一些学习积极的同学，让他们来影响她，

她有了学习上的伙伴，再加之学习方法的调整，学习情绪有了改善。这次的期末考试中比期中考试在班级提前了两名，在全校提前了一名，考取全校第二十七名。她最头疼的数学打了100分，比期中考试提高了13分，因为她悟到了学习的方法，学习的自信心提升了，学习态度积极了，让她很轻松地掌握知识，并有一个良好的学习情绪。

龚金玉，一个思想简单、单纯的女孩，初一的她每天都不知道忧愁，生活得很开心。最近倒是为自己的有些发胖而烦恼。

龚金玉也是一个懂得努力的学生，很勤奋，但思考问题简单，从不深层次思考，导致每次做题都注重表面，因做题不详尽而失分。比如在学习数学《分解因式》的完全平方公式，只要一涉及变形，就弄糊涂了，表层次的还算运用自如，一旦拐些小弯，思维总是走直路，不会灵活运用。

每次做题思维是混乱的，如熙熙攘攘的街道，人来人往的，不知道该用哪个知识点来解决此问题，无法确定解题的关键。

我要求她做的题不多，很好地利用错题本，把每次的错题要深层次地剖析，就是一对一地解决问题，把每次的错题的考点找到，然后找出相关的题型，再一对多，然后再多题归一，只做一道题，透彻地解决问题，避免繁杂的题，就是简单的一个题做到一题多解、多题归一。每次我都在一节课给她准备一个题让她研究，只要研究一个题，减少了她的负担，也可以透彻地学习。

期末考试语文成绩111分，没有提高，数学提高了21分，英语提高了18分，在班级由期中考试的第十一名提升到第七名，全校由第三十七名提升到第三十二名。学习也显得比以前轻松多了。

林森还能提高，所以我想在学习方法上加强引导，尤其听课和做题习惯上需要改善。我相信排除了外界因素的干扰，通过内因的完善，他可以再度提升，实现自己的美丽人生。

通过对《有效学习的15种方法》的学习，可以说，我们班的同学100%有了不同程度的改变，尤其在学习方法和学习态度上，所有任课教师对我们这个过去的差班感觉到了希望，更对孩子们的未来有了憧憬。

通过对《有效学习的15种方法》的学习，我深深认识到，学生是多么需要在学习上接受方法的指导和训练，一个有效的方法可以使同学们事半功倍，否则就好比用了一把钝斧砍柴，事倍功半。

达尔文说："最重要的知识是方法知识。"

2011 年 8 月 24 日

附录

编后语

　　本书在编写过程中得到很多同人的大力支持，同时也参考了一些专业书籍，如《自主学习》（林格、程鸿勋、唐增磊）、《管你一辈子的教育》（林格）、《快速掌握最有效的学习方法》（赵建）、《王金战育才方案》（王金战）、《成绩不好总有原因》（赵雪峰）、《这样学习最有效》（齐昌博）和一些网络资源等，在此一并表示感谢。

　　参加本书编写的还有易武庆老师、孙伟红老师、谭索杰老师和刘丽老师。

　　本书尤其重视实用性和可操作性，从学生的心理和实际出发，力争给学生、家长和老师起到一个示范作用。近年来对心理健康内容的研究越来越丰富，对孩子成长有很大帮助。本书从方法的角度出发，对孩子的学习方法、习惯、自信和时间规划、人生目标做了探究和尝试，让学生学有可依、法有可研，全面提升学习方法和行为习惯。最大限度地起到画龙点睛的作用，使同学们在未来的学习和工作中得到一些启示或遇到一些实际问题时能按号入座，给寻求解决的办法一个思路而已，让你更早适应新的学习环境，遇事多思考，也让你的学习成绩早日提升。

编　者

2012年12月